文 春 文 庫

未来の働き方を考えよう

人生は二回、生きられる

ちきりん

文 藝 春 秋

はじめに

「みんな何歳まで働くんだろう？」——年金支給開始年齢の引き上げや、それに伴う65歳までの雇用延長のニュースを聞くたび、そう思います。

２０１２年に92歳で亡くなられた女優の森光子さんは、89歳まで舞台に立たれていました。ご本人としては、舞台の上で死ねるならそれも本望だったのかもしれません。一方、大橋巨泉氏や上岡龍太郎氏のように、定年のない仕事でも自ら引退を決め、オリジナルのセミリタイア生活に入っていく人もいます。

この「死ぬまで働きたい派」と、「一定期間働いたら、後は違う人生を送りたい派」の人はどの世界にもいて、サッカー界では『やめないよ』の著書もある三浦知良氏のように40歳を超えても現役を続ける人と、「まだ十分やれる」と惜しまれながら引退した中田英寿氏の判断は対照的です。野球界でも、選手生命が短いと言われる投手でありながら50歳近くまで現役を続けた工藤公康氏と、早々と引退した新庄剛志氏の引退タイミングの違いには、それぞれの人生観が表れています。

そして本来、芸能人やスポーツ選手だけでなく一般の人にとっても、いつまでどのような形で働くのかということは、それぞれの人の生きざまにかかわる重要な判断事項のはずなのです。

しかしながら、現在進行中の雇用年齢延長の背景は、単なる財政問題に過ぎません。「年金財政が厳しいから、支給開始年齢を引き上げます。ついては、皆さんそれまで働き続けてください」という話です。ひとりひとりの個人にとって生き方の選択とも言える働き方が、そんな理由で決められていくなんて、おかしな話だと思いませんか？

たしかに年金ももらえないのにさっさと引退してしまうなんて、誰にでもできることではありません。だからといって、みんな政府に言われるままに働く期間を5年延ばし、65歳まで今の働き方を続けるのでしょうか？ なにかもうちょっと自らの手に、働き方に関するコントロールを取り戻す方法はないのでしょうか？ 年金の支給開始年齢は今後さらに引き上げられ、今の若い人たちは70歳まで働くことになる可能性も高いのです。

これではまるで、延々と続く撤退戦のようです。

もちろん、「一生働きたい！」人もいるだろうし、今回の雇用年齢の延長が心から嬉しいという人もいるのでしょう。でも私には、これ以外の働き方、辞め方が一切存在しないとは、とても思えません。固定観念を排してしっかりと考えれば、個々人がより主体的に未来の働き方を選択する手段は、なんらか存在しているはずなのです。

実は、定年延長は先進国共通の動きです。早くから引退して悠々自適の老後を楽しむイメージが強い欧州ですが、定年はドイツやフランスでも、60代前半から60代後半へ引き上げられつつあり、イギリスは65歳だった定年を廃止して、現在は定年年齢による解雇を原則禁止にしています。どの国も日本同様、高齢化や大幅な財政赤字など深刻な問題を抱えているからです。

加えて先進国に暮らす人たちの働き方は、本格化するグローバリゼーションやテクノロジーの進化によって、新たなチャレンジを受け始めています。先進国の人の仕事の多くが、新興国の人や、新たに出現したテクノロジーに置換されつつあるからです。

地球全体から見れば極めて豊かな生活を謳歌してきた私たち日本人も、今までと同じ働き方のままでは、その生活を維持することが難しくなります。これからは働く場所も仕事内容も否応なく変わっていく。そんな中、「いつまで、どのように働くのか」ということが、国籍や年齢にかかわらず、先進国で生きる人全員に問われているのです。

次の10年間で、私たちの働き方は大きく変わるでしょう。それは今、20代の人も40代の人も、そして今はまだ小さな子どもたちも避けては通れない本質的な変化となるはずです。

一生懸命勉強していい大学に進み、いい会社に入る。今はまだそういった成功パターンも残っています。その一方、もうそれだけでは安心できないと感じる人も増えてきました。「それよりも、もっと大事なこと」が見え始めているように、思えるからでしょう。では、いったいそれは何なのでしょう？　これからの社会を生き抜くために、私たちに必要なものは何だというのでしょう？

本書は、現在起こりつつある社会の変化、世界の変化を見据えたうえで、私たちの働き方が今後どうなっていくのか、それに対して私たちはどう対応すべきなのか、ということについて、私の考えをまとめた本です。

これから起こる社会、そして働き方の変化の中には、望ましいこともそうではないこともあるでしょう。しかし重要なことは、政府や企業が決めたルールを黙って受け入れるのではなく、ひとりひとりが自分で自分の働き方を選んでいくという気持ちをもつことです。

正しい生き方、正しい働き方などというものは存在しません。また、自分には今の働き方以外、何も選択肢はないなどと、最初からあきらめてしまう必要もありません。私たちは今、自分なりの働き方を選べる時代に生きています。それは正規か非正規か、会社員かフリーランスかといった従来型の区分でもありません。もっと自由に考えることで、従来とはまったく異なる新しい働き方が見つけられるはずなのです。

20代や30代という若い時から、老後の心配をしている人が多いと聞くと、暗澹たる気持ちになります。たしかに、探せば将来の不安の種はいくらでも見つけられるでしょう。でも、人生で最も楽しい20代、30代の時間や、働き盛りで視野も世界も拡がる40代、50代という期間の多くを「将来の備え」のために費やすなんてつまらなすぎます。そうではなく、不安な未来をワクワクできる未来に変えていくために自分には何ができるのか、どう考えればいいのか。本書を読みながら、ぜひ考えてみてほしいのです。

目次

第二章

世界を変える3つの革命的変化

第三章

新しい働き方を模索する若者たち

第四章

ふたつの人生を生きる

第五章 求められる発想の転換

終章

オリジナル人生を設計するために

ブックデザイン　野中深雪
イラストレーション　上楽 藍
DTP制作　エヴリ・シンク

序章

〝働き方本〟ブームが示すモノ

時代を映すビジネス書ベストセラー

書店に数多く並ぶ仕事や働き方に関する本には、時代の移り変わりが見事に映しだされています。

以前は定年を迎える人向けに、退職金で蕎麦屋を始める方法を指南したり、海外でのロングステイやUターンでの田舎暮らしを勧める本をよく見かけました。それらの本には、古き良き時代を働き終えた人たちの幸せな人生が、そのまま投影されていました。

勤め先企業がすべての社員に定年までずっと、十分な給与と仕事、さらにやりがいまで与えてくれた時代には、新卒向けの就活本と、楽しい余生の送り方に関する本があれば、それで十分だったのでしょう。

けれど最近は、ゆとりある老後にはいくらのお金が必要かという試算から始まり、年金を減額されない上手な働き方とは、といった内容の本が目立ちます。働き方に関する本ほど、時勢をよく表すものはありません。

表1・2003年［単行本・ビジネス］部門ベストセラートップ10

順位	タイトル	著者	出版社	累計発行部数（万部）
1	図解　成功ノート	神田昌典　監修 起業家大学　著	三笠書房	20
2	年収300万円時代を生き抜く経済学	森永卓郎	光文社	31
3	最新版　経済のニュースがよくわかる本　日本経済編	細野真宏	小学館	34
4	経済のニュースがよくわかる本　世界経済編	細野真宏	小学館	21
5	採用の超プロが教える　できる人できない人	安田佳生	サンマーク出版	20
6	質問力	齋藤孝	筑摩書房	42
7	図解「儲け」のカラクリ（2）	インタービジョン21編	三笠書房	10
8	定年後大全	日本経済新聞マネー&ライフ取材班編	日本経済新聞社	11
9	ブッシュの戦争	ボブ・ウッドワード 伏見威蕃　訳	日本経済新聞社	11
10	預金封鎖	副島隆彦	祥伝社	14

1991年のバブル崩壊から10年近くが過ぎ、いよいよ状況が厳しくなった頃には、大前研一氏の『サラリーマン・サバイバル』（1998年　小学館）や、落合信彦氏の『勝ち残りの「生き方」』（1999年　ザ・マサダ）など、大御所の著名人が語るサバイバル本が人気を博しました。ロバート・キヨサキ氏の『金持ち父さん　貧乏父さん』（2000年　筑摩書房　188万部）も、賢くお得な人生を選びたいと考える人の心をがっちりつかんでバカ売れしています。

おもしろいのは2003年のビジネス書ベストセラー（表1）で、2位には森永卓郎氏の『年収300万円時代を生き抜く経済学』が、8位には『定年後大全』が入っ

表2・2007年［単行本・ビジネス］部門ベストセラートップ10

順位	タイトル	著者	出版社	累計発行部数(万部)
1	「1日30分」を続けなさい！　人生勝利の勉強法55	古市幸雄	マガジンハウス	48
2	鏡の法則　人生のどんな問題も解決する魔法のルール	野口嘉則	総合法令出版	120
3	できる人の勉強法	安河内哲也	中経出版	33
4	人生を変える！「心のブレーキ」の外し方	石井裕之	フォレスト出版	38
5	世界一やさしい問題解決の授業	渡辺健介	ダイヤモンド社	37
6	生き方　人間として一番大切なこと	稲盛和夫	サンマーク出版	100
7	一瞬で自分を変える法	アンソニー・ロビンズ 本田健　訳・解説	三笠書房	22
8	餃子屋と高級フレンチでは、どちらが儲かるか？	林　總	ダイヤモンド社	20
9	投資信託にだまされるな！	竹川美奈子	ダイヤモンド社	18
10	なぜ、エグゼクティブはゴルフをするのか？	パコ・ムーロ 坂東智子　訳	ゴマブックス	非公開

注）年度ごとのベストセラー順位はトーハン調べによる。期間は2003年度は2002年12月～2003年11月、2007年度は2006年12月～2007年11月。なお累計部数に関しては、最新（2013年4月現在）の発行部数（千の単位で四捨五入）を各社の回答をもとに掲載したので、当時の順位とは一致しない。

ています。年収が下がっていく厳しい未来に直面する若い世代向けの本と、働く人生を逃げ切りで終えようとする団塊世代向けの本が、ビジネス書のベストセラー上で交錯したのです。

その後は、本格的なスキル本、自己啓発本ブームが到来します。２００７年のビジネス本ランキング（表２）では、１位が『「１日30分」を続けなさい！　人生勝利の勉強法55』、３位が『できる人の勉強法』、５位が『世界一やさしい問題解決の授業』と勉強するための本ばかりで、いかに社会人がスキルアップに必死になり始めたか、よくわかります。

８位の『餃子屋と高級フレンチで

は、どちらが儲かるか？』も、会計に関する勉強本です。「会計なんて経理部の人だけがわかっていればよい」という時代は、「英語なんて国際部門の人だけが話せればよいのだ」という時代と共に終焉《しゅうえん》を迎え、会計も英語も、すべての社会人に必須のスキルとなったのです。

続いてその直後には、『無理なく続けられる年収10倍アップ勉強法』（２００７年　ディスカヴァー・トゥエンティワン）や『効率が10倍アップする新・知的生産術　自分をグーグル化する方法』（２００７年　ダイヤモンド社）などを書いた勝間和代さんが大ブレークしています。

翌年に出た『はじめての課長の教科書』（酒井穣　２００８年　ディスカヴァー・トゥエンティワン　12万部）や、ライフネット生命の副社長、岩瀬大輔さんが書いた『入社1年目の教科書』（２０１１年　ダイヤモンド社　17万部）も、時代を象徴しています。

その昔、仕事の方法論は会社の上司や先輩から学ぶものでした。でも今や社会人にとって、ビジネス本から仕事のスキルを学ぶことは、ごくあたりまえのこととなりました。組織の中間管理職である課長としてのスキルも、社会人1年目のお作法も、厳しくなる雇用環境に危機感をもった人たちが、自ら勉強するものとなったのです。

働くことの意味を問い始めた若者たち

さらに働き方に関する本は、企業外でのサバイバルを意識したものにシフトしていきます。転職のノウハウ本や、いつ会社が潰れても生きていけるよう、独立、起業の方法を教える本、フリーランスで食べていくための心得や、本業での収入の伸び悩みを埋め合わせるため、週末起業やネットから副収入を得る方法を教える本などが、その例です。最近は大企業が次々と経営不振に陥る中、『10年後に食える仕事　食えない仕事』（渡邉正裕　２０１２年　東洋経済新報社）や、『２０２２―これから10年、活躍できる人の条件』（神田昌典　２０１２年　ＰＨＰ研究所）といった本が10万部以上を売り上げています。

盤石《ばんじゃく》と思われた電力会社の未来に暗雲が垂れ込め、10年前までエクセレントカンパニーだった大手企業が数千人のリストラを実施する時代です。不可能と知りつつも、将来まで安泰な企業を探したい、知りたいと思う人が多いのでしょう。

そんな中ここにきて目立ち始めたのが、若者の新しい働き方に焦点を当てた本です。それらはテクニカルなノウハウ本ではなく、働き方や生き方について、根本的な姿勢や価値観を問い直すものです。

「日本一のニートを目指す」と称してシェアハウスで暮らし、京都大学を卒業したにもかかわらずできるだけ働かない人生を目指しているｐｈａ《ファ》さん（ネット上での通名）の『ニートの歩き方』（２０１２年　技術評論社）や、大手出版社を辞めて個人で働こうとする安藤美冬さんの『冒険に出よう』（２０１２年　ディスカヴァー・トゥエンティワン）など、実際に今までとは異なる生き方、働き方を選んだ人たちによる体験談の出版が相次ぎました。

他にも、就職せずにＮＰＯで働くことを選んだ若者や、組織に属さず、ブログやサイト運営など、ネット上の個人活動だけで食べていくことが可能だと説く人の本も多数、目にします。

就職活動の乗り切り方や、10年先まで残る企業や職業の選び方ではなく、そういった競争に参加すること自体を否定する若者の本の増加は、低成長時代をむかえた現在の日本の環境下で、ひたすら頑張ることへのアンチテーゼのようです。

私も『ゆるく考えよう』（２０１１年　イースト・プレス）で、「高すぎる目標をもたず、低い目標で成功体験を積んだ方が人生は楽しくなる」とか、「できないことには早めに見切りを付け、できる範囲でやりたいことをやって楽しむ人生の方がよいのでは？」などと提案してきました。

頑張っても報われないことが多くなった時代には、これまで主流とされた生き方を選ばない人が増えるのも当然です。最近はアシスタント職としての就職を希望する男子学生が増えていると聞きますが、今後は専業主夫を希望する男性も増えそうです。団塊世代には「ふざけるな！」と怒られそうなそんな考えも、これからはひとつの自然な選択肢となるのでしょう。

次々と発売される若者向けの新しい働き方、生き方の本は、日本の現状とその先行きに対する彼らなりの決意の表れです。それは、「我慢して今までと同じ働き方を続けても、おそらく報われることはない。だったらいっそ、自分たちが生きたいように生きよう！」というメッセージなのです。

『ワーク・シフト』の世界的ヒット

そして2012年、働き方本ブームを象徴する、一冊の本が出版されました。ロンドンビジネススクールの教授、リンダ・グラットン氏の『ワーク・シフト』（プレジデント社　10万部）です。この本を題材に私が主催したネット上のソーシャル・ブックリーディング（ツイッターを使った読書会、2012年10月6日開催）は、2時間で3000以上のツイートが寄せられる大盛況となりました。

　この本はイギリスで出版された『THE SHIFT』の日本語訳で、グローバル化や情報技術の進展など大きな変化が起こりつつある中、ひとりひとりが今までと働き方や考え方を変えることで、暗い未来も明るい未来に変えられると説きます。

　著者はこの本を、自分の息子らへのメッセージとして書いているのですが、全体で402ページ、2100円もするハードカバーのビジネス書を読みこんだのは、若者だけではありません。若い世代だけでなく、より広い年代の人が「働き方に関する根本的な意識変革が必要になってきた」と感じ始めたのです。

　またこの本では、これから求められる働き方の変化が、日本だけで起こるものではなく、世界全体で起こりつつある現象だと指摘されました。これまで私たちは失われた20年という言葉を使い、バブル崩壊から長期間立ち直れず、国際競争力を失いつつある日本で、いかにサバイブすべきかと悩み、考えてきました。

　しかし『ワーク・シフト』には、変化を迫られるのは日本だけではなく、世界中のすべての人が、働き方や仕事に関する価値観を根本的に変えていかねばならない、と書かれています（この本は、世界10カ国で出版されました）。

　今や、若い人だけでなくすべての年代の人が、そして、日本固有の事情としてではなく世界の潮流として、働くことを人生の中でどう位置づければよいのか、考えるべきタ

表3・〝働き方本〟ブームの変遷

90年代

就活本 ＋ 古き良き時代をすごした定年退職者向けの、
第二の人生の楽しみ方本

▼

2000年

デキル社員になるための
仕事のノウハウ＆スキル本

▼

暗い未来に備えて自衛する本
（例　森永卓郎氏の『年収300万円…』）

▼

生き残るため、自分の市場価値を上げようと
煽る（？）本（例　カツマーブーム）

▼

沈みゆく船から逃げ出すための
転職、独立指南本

▼

2010年

上がらなくなった給与を
補填するための副業指南本

▼

10年後、20年後に生き残る仕事について、
予測、解説する本

▼

20代の新しい働き方に焦点を当てた本

▼

世界的かつ全年代向けに働き方の変化を問う本

▼

現在

？

イミングを迎えているのです。

私のブログ、「Chikirinの日記」（http://d.hatena.ne.jp/Chikirin/）でも、働き方に関するエントリは、常に大きな反響を呼ぶ人気分野です（巻末に関連エントリの一覧表付き）。多くの人がこれからの働き方について、不安を感じ、悩み、なんらか新しい方法や考え方を見つけようと、模索し始めているためでしょう。

しかし、そんな中で必要なのはデキるビジネスパーソンになるためのノウハウでも、20年後まで残る仕事を選別するための目利きの方法論でもありません。必要なのは、組織と個人の関係性や家族の在り方も含めた本質的な働き方について、ひとりひとりがゼロベースで考えてみることなのです。

第一章

現状維持の先にある未来

■延び続ける定年

皆さんは自分が何歳まで働くのか、考えたことがあるでしょうか？　20〜30代までは、想像したこともないという人が大半でしょう。早くとも40代半ばまで、そんなことは意識もしないのが一般的です。

そういった状況で「いつまで働くのか、とにかく答えよ」と詰め寄られれば、勤め人の多くが「定年まで」と答えます。これは便利な回答です。会社が決めてくれるのだから、自分のアタマで考える必要がありません。また、定年はみんな同じタイミングで迎えるので、まさに横並びです。勤め人にとってそれは、無思考ではあるけれど無難でまっとうな答えなのです。

しかし昨今、状況は大きく変わりつつあります。政府が、年金の支給開始年齢を引き上げたい（引き上げざるをえない）という理由で、雇用の延長を推進しているからです。

現在、1961年4月2日以降に生まれた男性と、1966年4月2日以降生まれの女性に関しては、国民年金、厚生年金とも65歳からの支給開始が確定しています。これらの人たちの年金支給年齢は〝早くて〟65歳なのです。

これに併せ、企業の雇用義務も、順次65歳まで引き上げられます（「高年齢者等の雇用の安定等に関する法律の一部を改正する法律」2013年4月施行）。そうしないと、定年から年金の支給開始までに無収入の期間が生じるからです。

しかも年金の支給開始年齢の引き上げは、65歳で止まるとは思えません。厚生労働省は7年も前から「70歳まで働ける企業の普及・促進」活動を始めており、「平成24年度高年齢者雇用就業対策の体系」（2012年4月1日現在）にも、「企業の実状に応じて何らかの仕組で70歳まで働ける企業の普及・促進」という文言が入っています。

社会保障制度改革国民会議会長を務める清家篤慶應義塾塾長も既に、「個人的には年金支給のさらなる年齢引き上げは必要だと思う」とし、「65歳定年を固めて、将来は70歳まで雇用を延ばす」と発言されています（「週刊東洋経済」2013年1月26日号）。

つまり、今30歳未満の人たちに関しては、年金は70歳を超えてからの受給となる可能性が濃厚であり、さらに若い今の小学生などは、70歳を超えてもまだ働かねばならないかもしれないのです。

70歳まで働くということ

こういう話を聞いて、皆さんはどう思われるでしょう？　「年金がもらえる年齢まで、働かせてもらえるのはありがたいことだ」と思いますか？

私が初めてこの話を聞いた時の率直な感想は、「70歳まで働くなんてありえない……」というものでした。私にとって70歳というのは、少なくとも40代と同じようにフルタイムで働く年齢ではありません。そんな年齢までこんな働き方を続けたら、仕事だけで人生が終わってしまいます。そして、自分がそういう人生を望んでいるのかと聞かれたら、私の答えは明らかに〝NO〟です。

全員が私と同じ考えだとは思いません。世の中には80歳、90歳まで元気で働いている人や、働きたいと考えている人もいます。しかし、雇用年齢のエンドレスに見える引き上げは、「自分は本当にそんな年齢まで働きたいのか？」という問いを、多くの日本人に突きつけるはずです。

これまでは定年を区切りとして、「働く人生」と「引退後の人生」のバランスがとれていました。前半は仕事や家事・育児を中心とした多忙な人生、後半は個人生活を優先する、ゆっくり&ゆったりとした人生です。

日本人の平均寿命は男性80・50歳、女性86・83歳（２０１４年。厚生労働省　簡易生命表）ですから、60歳引退なら、大卒の場合、働く期間＝37年間に対して、引退後の人生は20年もありました。

しかし70歳がその区切りになれば、引退後の人生は男性ではなんと10年ほど、女性でも17年弱になる一方、働く期間は大卒でも23歳から70歳までの47年となり、定年前後の人生の長さは大きくバランスが崩れます。特に男性の場合は、ほとんど働くだけで人生が終わってしまうのです。これは、本当に私たちが望んでいる働き方でしょうか？

なによりも皆さんは、「70歳まで今と同じように働く自分」をリアルに想像できますか？　今の会社でずっと働けるとしたら、60歳から70歳の10年間、あなたはどの部署で、どんな仕事をしているのでしょう？　その時の上司や部下の年齢は何歳なのでしょう？

そもそも雇う側の企業も、雇用年齢の延長に諸手《もろて》を挙げて賛成しているわけではありません。高齢者の給与は新入社員より遥かに高いし、健康状態や、新しいことを覚える意欲や柔軟性、業務指示の出しやすさなどを考えれば、若い人を優先して雇いたい企業が圧倒的に多いのです。一部の熟練工や超優秀な営業担当などを除き、全社員を70歳まで継続雇用するなど、できれば避けたいというのが企業側の本音です。

このため法律で雇用の年齢引き上げを求められた企業は、高齢社員の給与を大幅に切り下げ、管理職ポストから外して仕事の権限や業務範囲を縮小するなど、さまざまな工夫を始めています。その結果、たとえ70歳まで雇用が維持されても給与は大幅に下がり、(自分より30歳も年下の) 40代の上司の下で働き続けることになる人も出てくるのです。

しかも、若い頃には想像もしていなかった体力や健康の衰えにも見舞われます。30代でさえ苦痛な朝の通勤ラッシュは、60代の体力ではどれほどつらいことでしょう。40代半ばから始まる老眼で、細かい資料やスマホ画面が見づらくなり(スマホを見る時とPCを見る時では、異なる眼鏡を掛ける必要があるんです!)、腰や膝を痛め、重い鞄を持って階段を上るのもつらくなります。

今の日本人の働き方は、55歳が定年であった高度成長期から大きく変わっていません。せいぜい土曜日が休みになった程度で、今でも有給休暇を100%取得できない人、相変わらず長い残業が日常化している人も少なくありません。

だからこそ多くの人が、「引退後は夫婦でゆっくり趣味や旅行を楽しもう」と、第二の人生に期待してきたのです。別の言葉で言えば「ゆっくり休むのは定年後にどうぞ。定年前は有給休暇もとらず、残業も厭《いと》わないでね」というのが、今までの日本の労働慣習でした。

けれどももしも70歳まで働くことになっても、私たちは同じ働き方を受け入れられるでしょうか？　70歳で定年退職した後に夫婦でゆっくりと海外旅行を楽しむなんて、本当に現実的なのでしょうか？

厚生労働省の資料やこれからの高齢化の推定値を見ると、現在20代以下の方にとって、「70歳定年」の世界は、ほぼ確定した未来に思えます。もう一度、考えてみてください。年金の支給開始年齢が70歳まで延長された時、あなたは本当にその年齢まで、今の職場で今の仕事を続けていたいと思いますか？

■家族の形が変わる

未来の働き方を考える時、働く期間の長期化以外にも、今とは大きく変わると予想されることがあります。それは家族の形です。

今の日本では少子化が深刻な問題とされ、国会でもメディアでもその対策が熱心に話し合われています。けれどそれらはどれもこれも、私にはとても呑気なものに思えます。なぜならその大半が、現時点で存在する問題への対策にすぎず、これからまだ状況が劇的に変化するのだという「未来の変化」を織り込んだ議論になっていないからです。

たとえば少子化に関しては、補助金（児童手当、子ども手当など）の額や配り方、保育所の待機児童対策や、男性の育児参加（育児休暇取得や残業削減）の推進などが検討されています。たしかにこれらは、現状の改善には有効な施策です。けれど「将来の少子化問題」は、本当にそんなことで解決できるものなのでしょうか？

経済紙を読んでいると、「○○企業が、インドネシアでの事業を拡大する」、「○○会社は南米に新たな工場を立ち上げる」といったニュースを連日のように目にします。「新卒採用の一定割合を留学生とする」、「○○本部の拠点を、シンガポールに移転」といった記事も見かけます。

こういった動きの背景には、「今後、市場としての日本には、大きな将来性はない」という企業の判断があります。日本で成長が見込まれるのは、医療や介護を始めとする高齢者向けの市場ばかりで、壮年、若者が主な消費者である財とサービスの市場規模については、原則として右肩下がりが確定しています。

表4は、日本における20代と30代の人口総数（20歳から39歳までの総人数）を時系列に比べたグラフです。１９５０年から１９７０年にかけて、この層の人口は大幅に増加しています。

20歳から39歳というのは、大いに飲んだり食べたりし、働き始めればスーツや仕事道具を買い、おしゃれもスポーツも楽しみ、そのうち結婚して子どもを産み育て、さらには不動産や自動車、家電を買う消費意欲の高い層です。

表4・20代と30代の総人数の推移

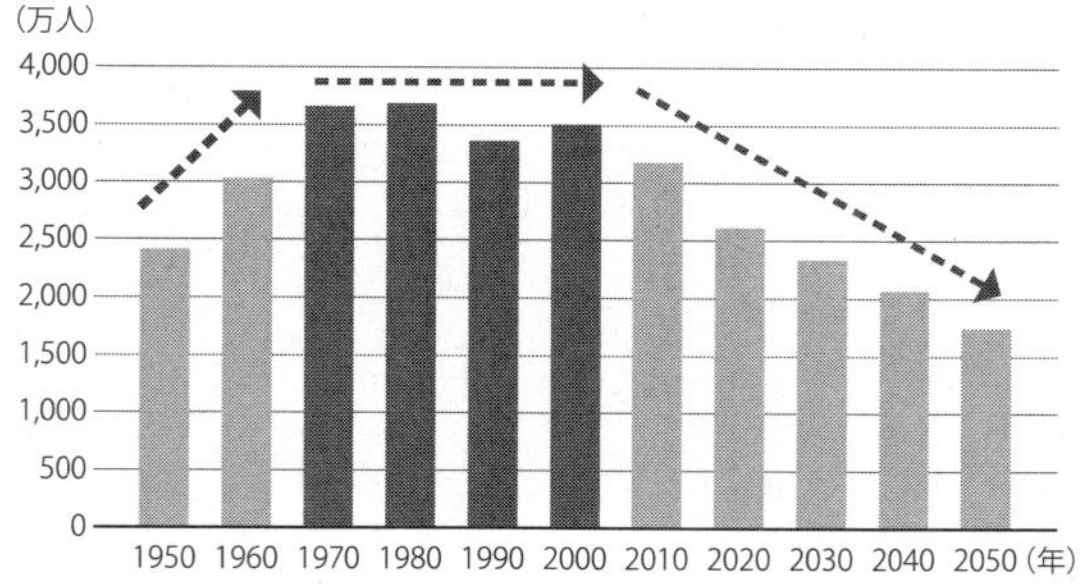

(出典) 2010年まで:「国勢調査」、2020年以降の予測値:国立社会保障・人口問題研究所
平成24年1月推計「日本の将来推計人口」(出生中位 死亡中位)

この層が主な購入者である財やサービスとは、食料品やお酒、外食はもちろん、衣料品、出産や育児用品から教育サービス、映画やゲーム、書籍や雑誌などのエンターテイメント、自動車や家電から通信や情報端末、住宅やインテリアなど多岐にわたります。

表4でわかるように、1970年代までは、この層の人数が急増しています。これなら何を作ってもよく売れたのはあたりまえです。しかも当時は人数だけでなく、1人当たりの収入も増えていました。

しかし1980年以降、この層の人数は全く伸びていません。2000年までの数十年間、ほぼ横ばいです。これが日本経済における〝失われたウン十年〟のベースとなっています。最も消費意欲の高い層の人数が横ばいでは、企業があの手この手のマーケティングを尽くしても、なかなか売上が伸びないのは当然です。そしてこれからこの市場がどうなるのか。グラフの下がり方を見れば一目瞭然でしょう。

人口が減っても1人当たりの消費額が多くなれば、全体の売上は維持できます。しかし現実には、これからの若者が今までよりも、より多く飲み食いしたり、より頻繁に旅行に行ったり、より高い自動車や家を買ったりは、しそうにありません。

今の若者は、将来の収入の伸びも見込めず、節約意識も高いのです。彼らが消費を増やすものの大半は、ネット企業などが提供する格安の商品ばかりであって、それらは既存の財やサービスの「より安い代替品」として消費が伸びるだけです。

誤解のないように書いておきますが、私は、日本の若者向け市場の総額に関して、縮小傾向が確定的だと言っているのであって、個別の企業にとって日本市場にチャンスがないと言っているわけではありません。

たとえば、ネット上で旅行の予約ができるサイトを運営している企業なら、売上はまだいくらでも伸ばせるでしょう。しかしそれは、旅行関連の消費総額が伸びることを意味するわけではありません。インターネット上の英会話学校や、スマホやタブレットで勉強を教えるネット家庭教師やeラーニング・プログラムも有望です。しかし、だからといってこれからの日本で、教育産業全体の売上が伸びると考えるのは楽観的すぎるでしょう。

出来合いの総菜や、食材や食事の宅配サービスも伸びると思いますが、これだけ若い人の人口が減るのに、日本全体の食料購入額が大きく伸びるとは考えにくいです。低価格でおしゃれな眼鏡を販売する企業の売上も急増しています。しかし、格安眼鏡を楽しむ若者がファッションにつぎ込むお金の額は、ブランドモノでおしゃれを楽しんでいたバブル期の若者が使っていたお金の額より、大きくはなりえません。

これからも、利便性の高いネットサービスを提供したり、時間の節約になる商品や格安商品を売る企業を中心に、日本市場で急成長を遂げる個別企業は数多く出てきます。しかし日本全体で見れば、20歳から39歳の人たちが使うお金の総額は、表4の人口減少スピードとほぼ同じ勢いで減っていくと考えるのが自然です。そしてそれは、２０１０年から２０５０年までで、45％（ほぼ半減！）にも及ぶ劇的な減少率なのです。

消費総額が半減すれば、企業側の売上も半減します。中でも問題が大きいのは、年功序列によって年収が高くなった大量の中高年正社員を抱える伝統的な大企業です。高コスト体質の企業は、成長するネット事業や格安商品を提供するビジネスに、積極的に乗り出すことができません。

このため、そういった企業の多くが、人口と所得が伸び続ける海外の新興国に活路を求めています。日本の大企業にとって、アジアや南米、中東やアフリカはすでに、とても重要な市場です。そして、それらの企業で働くことになる今10歳以下の日本の子どもたちは将来、ごく自然なこととして、「インド人に車を売る」、「中国人に化粧品を売る」、「ブラジルで工場立ち上げの支援をする」といった仕事に就くことになるのです。

これまでの世代の人たちが、日本で日本人にモノを売る仕事に就き、かつ、そういう仕事をやっていればどんどん給与も上がってきたのは、表4で見たように、日本が市場として成長し続けていたからです。残念ながらこれからの子どもたちには、そういう未来は用意されていません。

現在10歳以下のお子さんをおもちの方は将来、「インドからの電話で孫の誕生を知る」とか「今年の夏休みには、メキシコから孫が初めて帰ってくる」という体験をし、なかには、「うちの嫁はインドネシア人でイスラム教徒だから、家にお祈りのスペースを作ったの」といったケースさえ出てくるでしょう。自分たちが年老いて、夫婦のどちらかが入院！　というような時にも「早くドバイの息子に連絡して！」と叫ばねばなりません。

「子どもには英語を勉強させたほうがいいだろうか」って？　そんなことはどっちでもいいんです。インドで必死に働けば、誰でも5年後には立派なインド英語の話者になります。わざわざお金をかけて英会話学校に行かなくても、必要性が高まれば、語学なんてすぐに上達します。日本人が英語が苦手なのは、これまでの日本では、生活するにも働くにも英語などほとんど要らなかったからです。

現時点で10歳以下の日本人が生きることになる世界では、そんな贅沢は許されません。オランダ（人口約1674万人）やスウェーデン（人口約950万人）では、大半の人が流暢な英語を話します。人口の少ない国＝市場が小さな国の人は、ドイツやフランスなど市場の大きい国の人と比べて、とても英語が上手です。若者人口が急減し、国内市場だけでは食べていけないとなれば、日本人の英語力も急速に上達することでしょう。

〝イクメン〟どころの騒ぎじゃない時代

さらに深刻な問題は、海外で働く人が増えることにより、家族のあり方に大きな影響が出てくることです。

これからは今よりずっと多くの日本人が、しかも長期間、海外で働くことになり、行き先も西欧先進国だけにはとどまりません。商社を含め、素材、エネルギー関連など資源系の業務が多い企業では、中東、南米、オーストラリアや中央アジア、極東ロシアなどへの赴任が増えるでしょう。既に特定の事業本部を、丸ごとアジアに移し始めた企業

表5・日系企業の国別拠点数の推移

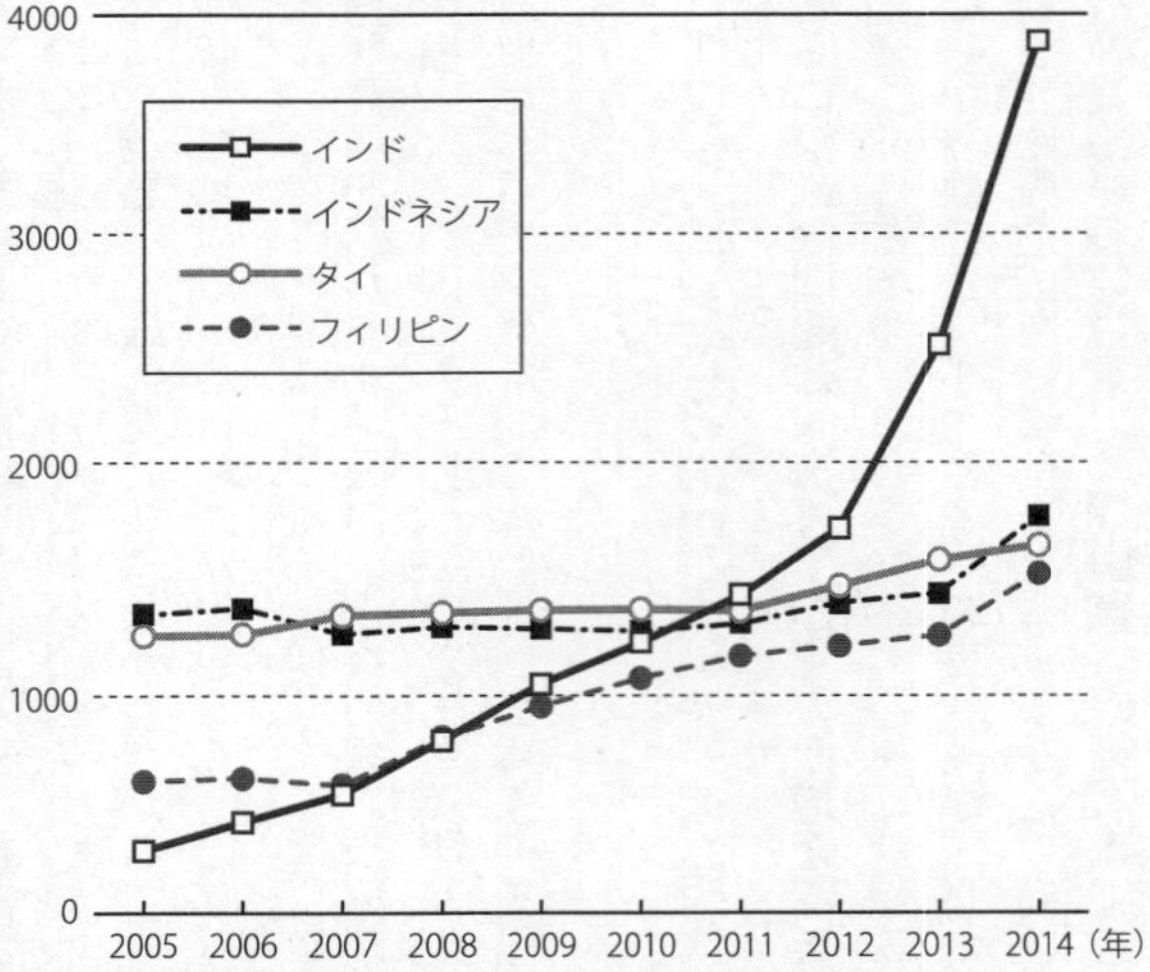

（出典）外務省「海外在留邦人数調査統計」（2015年要約版）

もありますが、そういった事例も、今後は珍しくなくなるはずです。

箔付けと視野を広めることが海外赴任の目的であった時代には、その期間は数年程度でした。しかしこれからは海外を転々としながら、キャリアの大半を海外で積む人も出てきます。日本市場が縮小するのですから、「日本の本社で出世するために、海外支社で数年の経験を積む」なんて無意味です。そうではなく、主な収益源である海外の市場で、何十年も働くことが普通になっていくのです。

そういう状況において、結婚生活や子育てスタイルは、どう変化するのでしょう？以前のように「夫が数年だけパリに駐在」するのであれば、専業主婦の妻と子どもを連れて赴任することができます。そういう都市なら子育ての環境も整っていました。

けれど、赴任先がケープタウンだ、チリの鉱山の近くの町だ、ムンバイだ、ウラジオストクだ、ということになり、しかも2年じゃなくて5年だ、10年だ、もしかすると複数国を回ってもっと長くなるかも、と言われたらどうでしょう？　妻と子をそれらの国に連れて行き、あちこちの国で子どもを現地校に通わせて育てますか？

もっと大変なのは、自分もキャリアを積みたいと考える既婚女性です。夫の海外赴任がニューヨークで2年だというなら、休職して一緒に渡米し、英語を学んだり、現地の大学で学位をとったり、もしくは、2年くらいなら別居生活を楽しむのも悪くないでしょう。しかし赴任先が中東やアフリカで、期間も5年だという話になれば、仕事を辞めてついていくことも、はたまた別居して暮らすことも、かなりやっかいな話となります。

今の日本では、夫・妻とも東京での勤務であれば、不十分とはいえ子育て環境も整う方向に進んでいます。なによりも男性が〝イクメン〟（育児に熱心なメンズ）を目指す時代です。けれど仕事をもつ女性にとって、南米の鉱山開発の仕事を担当し、1年に何度も南米への長期出張を繰り返す夫と共同で子育てをするのは、どんなに夫がすばらしきイクメン君であっても、極めて難しいことのはずです。

更に言えば、既に既婚女性に海外赴任を命じる（打診する）企業も出てきています。多くの場合、それらはキャリア上の大きなチャンスです。夫婦のうち、妻はインドに赴任が決まり、夫はアラスカで資源開発だと言われるかもしれないのです。そうなれば、このふたりはいったいどうやって子育てをするのでしょう？

現在は共働きの家庭において、妻の実家（母親）が育児を支えているケースがよくあります。しかし妻に海外転勤の辞令が出れば、それも難しくなります。それとも、実家のお母さんも娘の海外赴任についていきますか？　自分の夫をほっぽって？

「家庭と仕事の両立」は男女共通の課題へ

日本企業に先んじて世界展開を進めてきた欧米企業には、グローバルローテーションで経営者やマネージャーを育てる企業がたくさんあります。どこの国で採用された人でも一定の経験を積めば（一方的な赴任命令ではないですが）、他国のオフィスで経験を積んでみないか、という話になるのです。

そういったオファーがあった時、喜んで赴任する人もいれば、家族と相談して赴任を断る人もいます。断ると会社に残れない場合もあり、その時は転職します。

赴任をする場合、欧米人で単身赴任を選ぶ人は少数派です。たいていは配偶者も赴任先に同行し、現地で新たな仕事を探します。妻が夫についていく場合もあるし、妻の転勤に夫がついていくこともあります。

「妻が香港ですごくいい仕事をオファーされたんだ。だから自分も退職してついていくことにした。ボクが現地で仕事を見つけるまでは、子育てを担当するつもり」などと言うカップルに、外資系企業では普通に出会います。彼らは順番にキャリアチャンスを譲り合い、支え合っているのです。

私は全く同じことが、そのうち日本人夫婦にも起こるだろうと考えています。今までなら妻が妊娠した時に「やったー、でも、オレは今の仕事を続けられるのか？」と考える男性はほとんどいなかったでしょう。一方で働いている女性は、妊娠となればほぼ全員が「仕事はどうしよう？」と考え、中には「首にならないかな」と心配になる人もいたはずです。

でもこれからは、男女両方がこの問題を同じように受け止める時代がやってきます。考えてみてください。共働きの妻の妊娠中に、夫に南米への転勤辞令が出て、５年は戻ってこられないとなったら、このふたりはいったいどんな選択をするのでしょう？

妻が仕事を辞めて専業主婦となり、赴任先に同行して、南米の鉱山近くの街で赤ちゃんを育てますか？　それとも妻が日本に残って仕事をしながら、ひとりで子育てをするのでしょうか？　それに加えて「オレが南米への赴任辞令を断るべきではないか？」と、男性側がキャリアを変更する可能性も、検討することになるとは思いませんか？

小さな子どものいる共働き夫婦で、妻に海外赴任の打診があった場合も同じです。それが妻にとって大きなキャリアチャンスだとしましょう。夫は妻に「子育てのために赴任を断れ」と言うのでしょうか？　それとも「子どもはオレが日本で育てるから、安心して海外に行ってきなよ」と言いますか？　「オレが仕事を辞め、彼女の転勤についていくべきじゃないか？」と考えたりはしませんか？

これまでほとんどの男性は、「出産・育児のために自分の働き方を変える」という検討をしてきませんでした。そういう判断を迫られるのは99％女性側だったのです。けれど、これからはそれも変わります。一気に半々になったりはしないでしょうが、男性側にも「妻が妊娠したので、会社を辞めます」とか「妻が海外に転勤するので、私もついていくことにしました。なので退職します」という人が、少しずつ増えていくはずです。

皆さんが既に管理職であるならば、海外赴任の辞令を出した男性部下が、「妻と相談しましたが、もうすぐ二人目の子どもも生まれるし、私には海外赴任は無理です」と断ってくるかもしれません。家庭と仕事の両立はこれから、男女共通の課題となるのです。

このように、今とは全く異なる課題に直面することになる次世代のワーキングカップルにとって、国内の保育所の定員が増えることは、大きな助けにはなりません。「男性でも積極的に育児に参加する人が増えています！」と無邪気な特集を組むマスコミの報道は、牧歌的で微笑ましいものです。たしかに当面の課題としては、そういった対策も有用でしょう。しかし、今の中学生が結婚する頃には、それどころではない時代がやってくるのです。

第二章

世界を変える3つの革命的変化

■産業革命に匹敵する社会の変化？

前章で述べた若年人口の大幅な減少は、日本国内の変化要因でした。これに加え最近は、世界レベルで起こりつつある変化もまた、私たち日本人の働き方に大きな影響を与え始めています。

それは、次々と登場する革新的な技術であり、驚くべきスピードで進行するグローバリゼーションの潮流です。加えて、人口増加率や経済成長率の国家間格差により、国と国とのパワーバランスも大きく変わろうとしています。

しかもこれらの変化については、18世紀から19世紀に起こった産業革命に匹敵する大きさの変化だと考える人もたくさんいます。

２０１２年の10月、『ワーク・シフト』を読んで、ネット上で感想を述べあうソーシャル・ブックリーディングを企画した際、この点についてアンケートを行い、７８１名から回答を得ました。

表6・現在の社会変化に関するアンケート

質問

今、産業革命期と同等レベルの、働き方の変化が起ころうとしていると感じますか？（変化は起ころうとしているが、産業革命期ほどのインパクトではない、と思われる場合は、〝思わない〟を選んで下さい）

回答

『ワーク・シフト』を読了、もしくは読んでいる途中の人（N=673）

『ワーク・シフト』を読んでいない人（N=108）

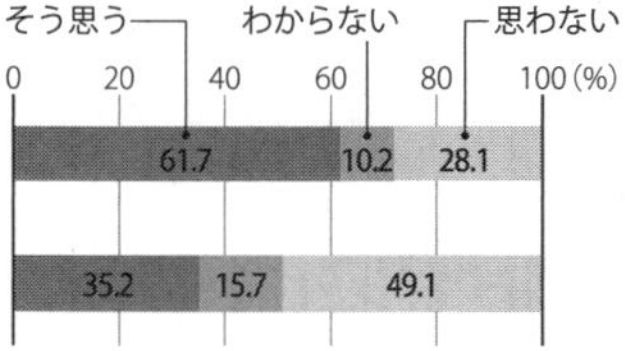

そこではなんと、『ワーク・シフト』を読んでいる人の6割以上が、「現在起こりつつある変化は、産業革命期に匹敵するレベルの変化だ」と考えていたのです。さらに本を読んでいない人でさえ、3人に1人が、今の変化は産業革命期レベルだと感じていました（表6）。

では、産業革命期には、どのような働き方の変化が起こったのでしょう？

18世紀の産業革命は、石炭という化石燃料を使った動力技術の発明（実用化）によって起こりました。それにより、工房での手作業が大規模工場における分業の組立ラインに替わり、職人が工場労働者に置き換えられて、人々の働き方は大きく変わったのです。

同時に蒸気機関車や大型船での大量輸送が可能になり、市場が世界に拡がって、工業セクターは大量の労働者を雇用できるようになります。このため地方の農民の多くが都会の工場で働くようになり、第一次産業から第二次産業へのシフトが起こったのです。

まとめると、

・農村から都市への大規模な人口移動が起こり、
・農業従事者や家内手工業の職人から、工場労働者へと働き方がシフトし、
・1人当たりの所得が増大して、
・消費ブームが起こりました。

一方、その負の側面として、

・長時間にわたる画一的な作業労働が人々のストレスの源となり、
・家族の絆や伝統文化がないがしろにされ、
・大規模工場や大量輸送機関によって自然破壊と環境汚染が起こり、
・急速な変化についていけない人たちが、都市部で貧困層を形成しました。

日本でも戦後の高度経済成長期には、ほぼ同じことが起こっています。もちろん経済が成長するにつれ、環境規制が強化され、労働法や社会福祉制度が整備されるなど、負

の側面は最小化されています。

けれど全体の流れは、産業革命以降、なにも変わっていません。これまでずっと私たちの働き方は、産業革命時に起こったことの延長線上にあったのです。それは、

・技術革新や教育レベルの向上により生産性を上げ、
・できるだけ付加価値の高い仕事をして収入を増やし、
・稼いだお金で大量の物やサービスを購入（消費）して生活を便利にし、
・その過程で大量のエネルギーを消費する。

という社会であり、働き方です。

そんな大量生産・大量消費に疲れた人たちは、定期的に〝癒し〟や〝ロハスな生活〟への回帰を志向します。しかしこれまでは、自己再生（リフレッシュ）のために利用されるものさえ、大量生産・大量消費の枠内にあるものばかりでした。

渋滞の高速道路を何百キロもマイカーで走って遠出をするゴールデンウィークや、ビーチでリラックスしようと飛行機に乗って海外まで移動する夏休み、トイレットペーパーから調味料まで、すべてが船で運ばれてきている南の島で新婚旅行を楽しむのは、癒しではありますが、大量消費時代の遊び方そのものです。18世紀後半に始まった産業革

命は、21世紀の今日まで2世紀にわたって、私たちの生活を規定してきたのです。

革命と呼ばれる条件

〝革命〟という言葉は、センセーショナルな響きをもっています。本来の革命とは、武力蜂起した庶民が王侯貴族を倒して共和制を樹立したり、プロレタリアート（労働者層）が武力で皇帝や領主などのブルジョア層を追い出し、共産主義社会に移行することを意味します。

産業〝革命〟という言葉が使われる背景には、石炭を使った新しい動力技術の確立が、武力による革命と同等の社会変革をもたらしたという認識があります。武力ではなく技術が、権力移行や体制変化を惹き起こし、社会を変えたのです。

しかし私たちは、画期的な技術の登場すべてについて、革命という言葉を使うわけではありません。産業革命やＩＴ革命とは言いますが、火を使いこなせるようになったことや、電話の発明について、火革命、電話革命とは言いません。飛行機革命や羅針盤革命という言葉もありません。では私たちは、どういう条件があれば、それを革命と呼んでいるのでしょう？

この点についてあれこれと考えていたのですが、どうやら「パワーをもつ層の交代」が起こることが、革命と呼ばれる条件だと思い至りました。従来の支配者層が没落し、それまで抑圧されていた層との力関係が逆転した場合に、革命と呼ばれるのです。

そういえば本来の政治的な革命においても、フランス革命、ロシア革命とは言いますが、明治革命ではなく明治維新だし、中国に関しても、ロシアと同じ共産革命が起こったのに、中国革命とは言いません。

フランス革命、ロシア革命では、支配者層である王侯貴族が没落し、一般市民や労働者が権力を掌握しました。社会の支配者層の交代が起ったのだから、革命です。けれど明治維新は、英語で〝restoration〟（復帰とか復古というニュアンスの言葉）が使われているように、「天皇に権力が戻った」と解されています。権力は「天皇↓将軍↓天皇」と移動しただけで、権力者と庶民の力関係が逆転したわけではないのです。

中国の場合も、中国共産党が勝利した中国国民党は、当時の権力者ではありませんでした。そのころ中国で権力の座にあったのは、日本であり欧米列強だったからです。なので、中国共産党が国民党に勝ったことを中国革命と呼ぶことは馴染まないのでしょう。一方、清朝という王朝が崩壊した時のことは辛亥《しんがい》革命と呼ばれ、当然のように革命という言葉が使われています。こちらは明らかに、皇帝から人民へのパワーの移行が起こったからです。

産業革命についても、もしも起こったことが技術革新だけであったなら、それは革命とは呼ばれていなかったでしょう。しかしあの時は、エネルギー技術の革新に伴って、不労所得で食べていた層＝王侯貴族から、工場を作って事業を興した人たち＝企業家、資本家へと、パワーが移行したのです。

『チャタレイ夫人の恋人』という有名な小説があります。「工業国イングランドが農業国イングランドを塗りつぶす」と描写されている通り、この小説の時代背景はまさに産業革命の進行期です。

小説の中の貴族たちの会話からは、哲学や文学など、高尚な精神世界に生きようとしながらも、否応なく時代の変化と向きあわざるを得なくなる彼らの様子が窺えます。小説の中で描かれる風景も、著名なエリザベス朝風の邸宅が過去のものになっていく様子や、ジョージ王朝風の立派な住宅が取り壊されるところなど、貴族が支配する社会の終わりを象徴しています。

この小説のテーマは、女性の、性を含む人間性の解放ですが、その背景として〝食わねど高楊枝〟的な貴族文化と、見栄や外聞にとらわれず、人間としての自然な感情を取り戻していく女性が対比されており、産業革命の進行と共に、様々な意味で崩壊していく貴族社会の様子が描かれています。

このように産業革命期には、画期的な動力技術の確立が王侯貴族を社会の支配層から引きずり下ろし、平民出身の企業家が力を握る時代の幕開けを演出しました。この「パワーの移行」があったからこそ、産業〝革命〟と呼ばれるのです。では現在はいったい、何から何にパワーが移行しつつあるのでしょう？

■パワーシフトその１　大組織から個人へ by ＩＴ革命

ＩＴ革命という言葉が使われ始めてから既に10年以上がたちます。しかし私にはつい数年前まで、これがなぜ革命と呼ばれるのか、わかっていませんでした。インターネットを始めとする新しい情報通信技術は、確かに画期的です。でも、技術がスゴイというだけでは、革命とは呼ばれません。飛行機革命という言葉が存在しないのは、飛行機がパワーをもつ層の逆転を起こしていないからでしょう。ではＩＴ革命は、何から何へのパワーシフトを実現したのでしょうか？

たとえばインターネットの普及によって、旅行代理店や書店など、流通・仲介業の多くが危機にみまわれています。けれど、そんなのはパワーシフトとは言えません。過去において流通・仲介業者が、社会への支配力をもっていたわけではないからです。

「ネットで起業することが容易《たやす》くなり、資本家から起業家に力が移行したのかな？」とも考えましたが、これもいまひとつです。欧米はもちろん日本でも、昔から松下幸之助氏や本田宗一郎氏など偉大な起業家が生まれており、「これまで起業家は抑圧されていたが、ＩＴ革命により力をもてるようになった」わけでもありません。

革命というからには、これまでパワーをもっていた層が没落し、反対に、抑圧されていた層が力を握るはずなのですが、何から何にその力が移るのか、上手く言葉にできていませんでした。

しかしそれも最近は、かなり明確になってきました。既に多くの人が気づいているように、ＩＴの進化は、これまで圧倒的な力をもっていた国や大企業などの大きな組織から、今まではそれらに従属するしかなかった個人や、個人が集まっただけのネットワークへ、パワーシフトを起こしています。

最も過激な形でそれが顕在化したのが、次々と国家レベルの外交機密を公にし、世界各国の権力者を慌てさせたウィキリークスの登場でしょう。強大な軍事力を誇るリアルな大国家と、高度な技術をもつ個人が緩やかにつながっただけのネットワークが、本気の攻防を繰り広げる時代になったのです。

また、２０１０年末に始まった「アラブの春」では、ごく短期間のうちに大勢の市民が国家に対抗しうるほどの一大勢力として結集し、リアルな武力革命が実現しました。

よく知られているように、この運動を可能にしたのがフェイスブックやツイッターです。従来の政治的な武力革命では、庶民側にもその力を結集するための政治結社が存在していたのに、アラブの春において政権を転覆させた人たちは、ソーシャルネットワークサービスによってつながった個人の集まりにすぎませんでした（だから革命は起こせても、革命後に自分たちで新しい秩序を樹立することが難しいのでしょう）。そんなバラバラの個人が権力者を打ち倒すことができたのは、産業革命の時と同じく、新たに登場したＩＴ技術のおかげだったのです。

もうひとつ、国家と個人の衝突と言えば忘れられないのが、中国で１９８９年に起こった天安門事件です。巨大な戦車の隊列の前に進み出て、両手を広げて立ちふさがったひとりの青年の映像は、世界中に衝撃を与えました。それはまさに、国家と個人が正面から対峙する瞬間をとらえた映像でした。けれどこの時は、国家が軍事力をもって、若者の民主化運動を鎮静化しています。

中国は現在も、様々なインターネット上のサービスを規制しています。YouTubeやツイッターも、中国では自由には使えません。それは中国という国家（の指導者ら）が、個人にその力を奪われるとしたら、それに不可欠なものが何であるのか、よーく理解しているからでしょう。

優位性を失う大企業

ビジネスの世界でも大企業の優位性は急速に弱まり、個人や小企業が大きな組織に対抗することが、以前に比べてはるかに容易になりつつあります。

たとえば、これまで大企業でなければとても調達しえなかった額の資金を、個人や新興企業が調達できるようになりました。アメリカでは、宇宙開発まで民間のベンチャー企業が手がけ始めています。優れた技術と優秀なリーダーがいれば、たとえ個人であってもファンドやエンジェル投資家から多額の資金を調達し、世界一流の人材を雇い、大規模な投資や開発をすることが可能になったのです。

またこれまでの大企業は、ビジネスに必要なインフラ機能をすべて社内に抱えることで、それらをもたない個人や小企業と比較して、有利な立場を維持してきました。しかし今や、大半のビジネスインフラは、外部から機能ごとにバラバラに調達できます。レンタルオフィスや秘書サービス、人材派遣会社や採用アウトソーシングサービス、クラウドの各種アプリケーションを利用することで、個人でも簡単に一通りの法人機能を備えることができるのです。

私も時々ネット上でアンケートを行うのですが、数千人もの人から回答を得るのに必要な時間は、（アンケートを設計するための）せいぜい数時間です。コストに至っては１円もかかりません。これまでは、個人がこんな大規模なアンケートを行うことは不可能でした。そんなことができるのは、多額のマーケティング予算をもつ大企業だけだったのです。

同じことは広告や販売の分野でも起こっています。テレビに広告を出すには高額な費用が必要ですが、ネット上の口コミで評判を得るのにかかる費用は、桁違いに少なくて済みます。私は時々ブログで本を紹介しますが、多くの場合、紹介直後にそれらの本は、アマゾンランキングでトップ10に入ります。堀江貴文さんがツイッターやメルマガで勧めた商品などは、売上が急増し、注文を受けるサーバーがダウンすることさえよくありました。今は個人が、これだけ大きな発信力をもてる時代なのです。

しかも最近は、大企業はより厳しい縛りを受け始めています。エンロン・スキャンダルやリーマンショックを経て、どの国も大企業への規制を強めているからです。アメリカでは、株式公開企業の会計監査制度を強化する通称ＳＯＸ法（Public Company Accounting Reform and Investor Protection Act of 2002）が成立し、日本でも同様の趣旨で金融商品取引法と新会社法が施行されました。経営判断の妥当性を細かくチェックする内部統制の強化は、大企業の意思決定をさらに硬直的で時間のかかるものにしてしまいます。小規模企業や、個人のカリスマリーダーが率いる組織との経営判断のスピード差は、これまで以上に大きくなるでしょう。

こうして個人や小企業、NPOなどのコミュニティでも、国家や大組織に対抗できるほどのパワーがもてる時代になりました。だから、IT革命という言葉が使われるのです。現在の社会の変化が、産業革命期と同じレベルの変化だと多くの人が感じる理由も、そこにあるのです。

国家を超え始める企業と個人

さらにITの進化は、他の分野へも広く影響を与え、結果として様々な業界で個人へのパワーシフトを後押ししています。

たとえば製造業でも、昔は自前の工場を建て、自社で技術者を雇わなければモノが作れませんでした。今やコンセプトを作って設計だけをすれば、製造は他国にある専門工場に委託できます。組織を大きくし、すべての機能を自社内にもたずとも、世界中から必要な機能をもつ企業を探してきて、コラボレーションすることが可能になったのは、ITが世界をつないでしまったからです。

自動車の動力がガソリンから電気に変われば、自動車もパソコンのようにモジュールを組み合わせるだけの製品になると言われています。これが50年前に起こっていれば、各モジュールを作る企業はみんな一定の地域内に立地し、系列企業として発展したことでしょう。でも今は、世界中に散らばるエンジニアがネット上でコミュニケーションをとりながら共同で開発作業にかかわり、必要なモジュールを一カ所に送って組み立てることも可能です。そのうち、「個人事業主の自動車会社」だって、登場するかもしれません。

音楽や書籍などのデジタルコンテンツなら、法人税や消費税がかからないタックスヘイブンにサーバーを置いて、世界中に販売できます。国家にとって徴税権は、軍事力と並ぶ権力の源なのに、技術の進展によってその力を奪われてしまうのです。

特にデジタルの世界では、個人や企業が国境を超えることが極めて容易で、両者とも国を超えた活動をごく自然に受け止め始めています（今でも私たちは、Kindle や kobo で読む日本語の電子書籍を、海外から購入しています）。個人や企業が国境を意識しない動きを活発化させれば、国家には、企業や国民に選んでもらうという視点が必要になるわけで、その力関係は大きく変化するでしょう。

また宇宙開発の技術が進展すれば、エネルギー分野でも国家や大企業と、個人の力関係が変わります。今はどこの国でも、エネルギー産業は極めて強い国家の影響下にあります。また既存の（＝地球上の）油田や天然ガス埋蔵地などは、オイルメジャーと呼ばれる巨大なエネルギー系企業が、その開発権や採掘権をほぼ押さえてしまっています。エネルギー産業は、国家と巨大企業に完全に牛耳《ぎゅうじ》られている分野なのです。

しかしもし、少数のエンジェル投資家やファンドが出資して設立した民間ベンチャー企業が、宇宙開発で膨大なエネルギー源を手にすることができたらどうでしょう？　エネルギーをもつのが、サウジアラビアでもイラクでも、エクソンモービルやBP（ブリティッシュペトロリアム）でもなく、Mr.○○という個人の投資家であったり、特定の私企業や起業家であったりする未来さえ、もはや夢物語ではないのです。

個人の意思で選べる未来

産業革命とIT革命には、パワーシフト以外にも共通点があります。それは、没落する層と新たにパワーを握る層が、流動的だということです。

産業革命でも、没落する層（貴族・領主）と勃興する層（企業家・資本家）は固定的に見えますが、実際には、なすすべもなく没落した貴族もいれば、事業を起こして企業家として成功した貴族もいたはずです。庶民だって、最後まで自分の工房に残った職人や、領主のもとで小作を続けた農民もいたでしょうが、街に出て工員として働き始め、そのうち独立して自分の会社をもち、成功した起業家もいたでしょう。

同じように現在の学生にも、大企業に所属するという選択肢と、個人として起業するというふたつの選択肢があります。現時点で大企業に所属する人だって、退職して起業することも、新興企業に転職することもできます。既存のパワーグループにいる人たちは、そこに居続けることもできるし、新たな潮流を追うこともできるのです。

これは政治的な武力革命との大きな違いです。ロシアの皇帝は、どんなに巧く立ち回ってもプロレタリアート側には立てなかったでしょう。でも技術による社会革命では、個人の判断と行動により、没落する側に入るか、勃興する側に入るかが決まっていくのです。

しかも、技術による革命で新たにパワーを握った人たちも、安穏《あんのん》とはしていられません。たしかに今は、個人が興した企業が短期間で大企業に対抗できる時代です。しかし裏返せばそれは、自分たちからパワーを奪う新たな企業や個人が、後からいくらでも現れ続けることを意味しています。

産業革命でも、貴族から事業家にパワーが移った後、事業家の間では熾烈《しれつ》な競争が何世紀も続いています。革命を乗り切りさえすれば安泰というわけではありません。今の大企業の中に「ＩＴ革命によって、自分たちの優位性が剝奪されるかも」と恐れている人がたくさんいるように、急速に大きくなった新興企業もまた、今はまだ設立さえされていない未来の企業に、その地位を脅かされることを恐れています。

このようにIT技術の進化は、国家や大組織の力を減じる一方、今の、そして未来のすべての個人に、自らの意思と選択によって、新しい可能性を追求できる機会を与えてくれています。自分が今、滅びゆく大組織側にいたとしても、それを嘆く必要はありません。新しい時代に成功するチャンスは、技術の進化が続く限り、あとからくる個人にも、常に用意されているのです。

■パワーシフトその2　先進国から新興国へ by グローバリゼーション

これからの働き方に大きな影響を与えるふたつめの要因が、グローバリゼーションの急速な進展です。グローバリゼーションと言えば、海外から安い農産物が入ってきて、日本の農業が立ちゆかなくなるとか、工場の海外移転による雇用の消失を思い浮かべる人が多いでしょう。しかし、「グローバリゼーション＝世界がつながること」は、より大きな意味で、私たちの働き方に根本的な影響を与えます。

最初に理解すべきことは、日本では迫り来る脅威として受け止められることの多いこの言葉も、インドなど新興国においては、完全にポジティブな言葉だということです。彼らにとってグローバリゼーションは「明るい未来」とほぼ同義です。

２００５年９月、私はブログに、「日本に生まれたというだけで、世界から見れば富裕層だ」として、次のように書いています。

世界の人口のうち「今日は何を食べる？」などと言えるのは、60億人中、先進国の人と中進国の富裕層など12億人程度だけです。地球上の５人に１人です。残りの人たちは、「今日の夕食」に選択肢があったりはしないのです。（一部編集・抜粋）

ところが一転、その６年後（２０１１年10月）には、「先進国生まれという既得権益は、いままさに失われつつある」と書く羽目になりました。

この年イタリアを旅行していた私は、夜はホテルのテレビで、ＮＹのウォールストリートで起きた格差拡大に反対する大規模なデモのニュースを見る一方、昼間はイタリアの街角で、その裏側で起きている「格差縮小の現実」をまざまざと見せつけられていました。

というのも、この時の旅行では初めて、行く先々でインド人の団体旅行客を見かけたからです。もちろんそれまでも、海外旅行をするインド人には世界中で出会っていました。けれどその多くは、超リッチな特権階級のファミリーや一流ビジネスマンであり、彼らは個人旅行や家族旅行を楽しんでいたのです。

そういう人たちがブランドものを買う様子を見ていると、すぐさま私よりよほど裕福だとわかったたし、時には「あなたたち、もしかして家に象を飼ってるでしょ?」と言いたくなるほどの富裕層ぶりでした。これまでのインドでは、それほどお金持ちの人でなければ、海外旅行を楽しむことはできなかったのです。

でもこの時私がイタリアで見かけたインド人観光客は、首からカメラをさげ（おそらく初めての海外旅行なのでしょう）、やたらときょろきょろしながら歩いており、その様子は一昔前の日本の団体旅行客にそっくりでした。

傘や旗を掲げて30人ほどの旅行客を先導する（もちろんインド人の）添乗員は、有名な建物の前で立ち止まってあれこれと説明をします。大聖堂の前ではみんなが一斉に写真をとり、その後は全員で同じレストランに入って、同じメニューの食事を楽しんでいました。

私はこの時初めて、こういった団体旅行客をイタリアの〝あちこちの街〟で目にしました。いよいよインドにも、団体で海外旅行に行ける中間層が出現したのです。

今まで私たちは、日本に生まれたというだけで、食べるに困らない生活を保証されていました。頑張れば報われるし、海外旅行にも行けるようになるだろうし、未来は明るいものでした。他国には、その国に生まれたというだけで「海外旅行なんて一生あり得ない」という人がたくさんいたのに、です。

でもこれからは違います。インドの田舎で富裕層以外に生まれても、頑張れば家も車も買えるし、海外旅行だって夢ではなくなりつつあります。一方、たとえ日本に生まれても、そんなことは夢のまた夢、といった人が増えるかもしれません。

これまで格差は国と国の間にあり、それは南北問題と呼ばれていました。けれど今、国家間の格差は急速に縮小し、個人と個人の格差に置き換えられようとしています。

この現実は、「先進国生まれ」という既得権益に守られ、子どもの頃から豊かな生活を享受してきた人たちには、受け入れ難いことでしょう。だから先進国のあちこちで、抵抗運動（デモ）が起こったのです。

先進国でデモに参加する人たちは「トップ数％にしか希望のない世界はおかしい！」と叫んでいました。しかし彼らはつい最近まで、（先進国に生まれたというだけの理由で）世界で最も恵まれたグループに属していたのです。彼らが格差解消を叫ぶ時、途上国の人たちと、先進国にいる自分との格差は意識されていません（この格差は今、どんどん解消されつつあります）。

先進国で拡がった格差に反対するデモを、途上国の人たちはどんな思いで見ているのでしょう？　そして先進国でデモをする人たちはいったい、誰と誰が平等になる世界を夢見ているのでしょう？

通用しなくなる国内だけの論理

グローバリゼーションによって世界がつながり始めると、他国にはない制度や考え方を、一国内だけで維持することが難しくなります。貿易の自由化がモノの価格を国際的に平準化したように、制度や考え方も世界で統一（平準化）されていくからです。

たとえば一部のアラブの国には、女性が車を運転することや、男女が同じ部屋で働くことを禁ずる国がありますが、グローバリゼーションが進めば、こういったルールを維持することは極めて難しくなるでしょう。

日本にとっても他人事ではありません。日本国内での格差解消を唱える人は、「同一労働・同一賃金」という言葉をよく使います。同じ仕事をしていても、正社員と非正規雇用の社員では、報酬に大きな差がある、その待遇格差を解消しろ、という主張です。

ところが工場を海外移転するメーカーの理屈は、「ベトナム工場での人件費は日本の10分の1だ。だから日本の工場は閉鎖する。同一労働には同一賃金しか払えない。そうでないと世界では戦えない」というものです。

ITシステムの開発やコールセンターの運営といった分野で、アメリカからインドに雇用が流れるのも同じ理由です。これらの仕事を請け負うインド企業では、賃金がアメリカと同じレベルになるまで、仕事が増え続けます。インドにいながらにして、アメリカレベルの賃金を狙えること＝アメリカとインドで同一労働・同一賃金が成立することが、グローバリゼーションなのです。

これまで先進国では、同一労働・同一賃金という言葉（論理）を、国内の格差解消につながるポジティブな概念として使用してきました。しかしグローバルに見ればこの言葉は、新興国が先進国から雇用を奪うことを正当化する論理です。国内だけにこの原則を適用するなどという身勝手な選択肢は、もはや残されていないのです。

さらに同一労働・同一賃金の原則は、年功序列システムとも相容れない思想です。実力主義が進んだとは言え、今でも日本企業の大半では（50歳くらいまで）年齢が上がるほど給与が高くなります。

それが同一労働・同一賃金の結果であるというなら、こういった企業に勤める人は皆、30歳の時より50歳の時のほうが、付加価値の高い仕事をしていることになりますが、果たして全員がそうと言えるでしょうか？

どの組織でも「50歳のAさんより、よほど仕事のできる30歳のB君」が存在しますよね。同一労働・同一賃金なのであれば、B君の給与はAさんより高くて当然ですが、現実には50歳のAさんの年収が、B君の倍近い場合さえあります。

年功序列型の賃金体系は、「単身者や共働きの20代と、妻子の生活費や教育費、親の介護に住宅ローンまで抱えた50代では、生活に必要な額が全く違う。両者の仕事のデキが同じだからといって、同じ給与にする必要はない。給与はそれぞれの生活に必要な額を支払うべきだ」という考え方を反映して、設計されています。だからどんなに仕事ができても、若いうちは低賃金で我慢し、どんなに仕事の能力が衰えていても、50歳の人にはそれなりの額を払うというのが、今までのお約束だったのです。

しかし、世界規模での同一労働・同一賃金という原則は、「給与は仕事の対価である」という考え方に基づいており、今まで日本の組織が維持しようとしてきた年功序列型の賃金秩序（＝給与額は必要な生活費も勘案して決められるべきものだ）と、真っ向からぶつかります。「中高年は家族を養わないといけないから、給与を高く設定する」などという国内限定ルールは、早晩維持できなくなるでしょう。

ホワイトカラーの仕事も新興国へ

さらにグローバリゼーションが進めば、仕事が行われる場所も、世界規模で再配置されます。これまでに仕事の再配置が行われたのは、工場での組み立て作業などが中心でした。しかし今後はホワイトカラーの仕事も、先進国から新興国へ移動します。

数年前、天国に一番近い島と称されるニューカレドニアでバカンスを楽しんでいた時、ボートで訪れた、視界３６０度、どこを見てもエメラルドグリーンの海しか見えない白砂の浮島で、同行者のiPhoneに日本から仕事の電話が着信しました。波の音しか聞こえない、天国と呼べるほどののどかな風景の中で突然鳴り響いた電子音は、世界が完全につながったことを思い起こさせる、強烈なシグナルでした。

クラウド環境が広まれば、私たちが働く場所と住む場所は、完全に分離できるかもしれません。その最も楽しい想像は、美しいビーチの水上コテージで暮らしながら、東京にいるのと同じ仕事をする未来です。しかし残念ながら、全く反対の未来もあり得ます。日本向けの仕事をする人であっても、必ずしも人件費や生活費の高い日本に住まわせる必要はないと、考える企業が出てくるからです。

今、アジアで日本人を雇う企業の多くが、彼らに日本向けの仕事を担当させています。仕事内容は、営業事務や資料作成、データ入力、コールセンター業務などです。給与は現地で生活するには十分な額ですが、日本で同じ仕事をする人に払わねばならない額よりは、安いレベル（月給15万円未満程度）です。

現在のところ働いているのは、自ら「海外で働いてみたい」と考えた日本人であり、その多くは、語学を習得したいとか海外に住んでみたいなど、収入以外の意義を見いだしてそういった決断をしています。

しかしこれからは、本人の意向にかかわらず「この仕事は、ネットでやりとりでき、たまに出張すればこなせるはず。ついては部門全体をフィリピンの子会社に移すので、みなさんには、そちらで働いてもらいます」と言い出す企業が出てくるかもしれません。

そうなれば日本の最低賃金も適用されないし、年金や健康保険の企業負担も不要になります。給与だけは日本と同じ額を払ったとしても、法人税や消費税、オフィスの光熱費から家賃まで、ビジネスのインフラコストは日本よりかなり安くなります。日本とのテレビ会議は、ネットベースの社内通信システムを使えばほぼコストがかからず、数千円でアジアの各都市を結ぶＬＣＣ（格安航空会社）も登場しており、海外出張のコストも激安です。

そうなれば、経理や総務など外回りの必要が少ない管理部門、大半の仕事を電話で行うカスタマーサポート部門やプログラムのバグとりをするような仕事を、いつまでも日本に置く必要はありません。工場が海外に移ったように、これらのホワイトカラー部門が丸ごと海外に移転することも、もはや時間の問題とさえ言える状況なのです。

圧倒的な頭数のパワー

先進国から新興国へのパワーシフトは、国境の壁が低くなり、世界がつながることだけから起こるわけではありません。パワーシフトのもうひとつの大きな要因が「人数バランスの変化」です。

つい最近まで私たちの住む世界は、数億人が住む先進国と、それ以外の数十億人が住む非先進国に分かれていました。先進国の総人口は、北米３億人、西欧先進国３億人、日本1億人と一部のお金持ち（中東やアジアの富裕層）の、合計8億人程度です。これらの人たちの優雅な生活は、他の大多数の人たちが、エネルギーも食料もろくに消費せず、安価な労働力を提供してくれるという前提のもとに成り立っていました。

今、その構造は大きく崩れようとしています。世界の人口は現時点で70億人、２０５0年には93億人になると言われていますが、先進国人口は、出生率の高い移民を受け入れ続ける米国を除くと、ほとんど増えません（表7）。

人口が大きく伸びるのは、中南米やアフリカと、アジアの一部の国（インド、インドネシアやパキスタン、バングラデシュなど）です。結果として、世界人口に占める先進国人口の比率はどんどん低くなります。

表7・世界の人口推移

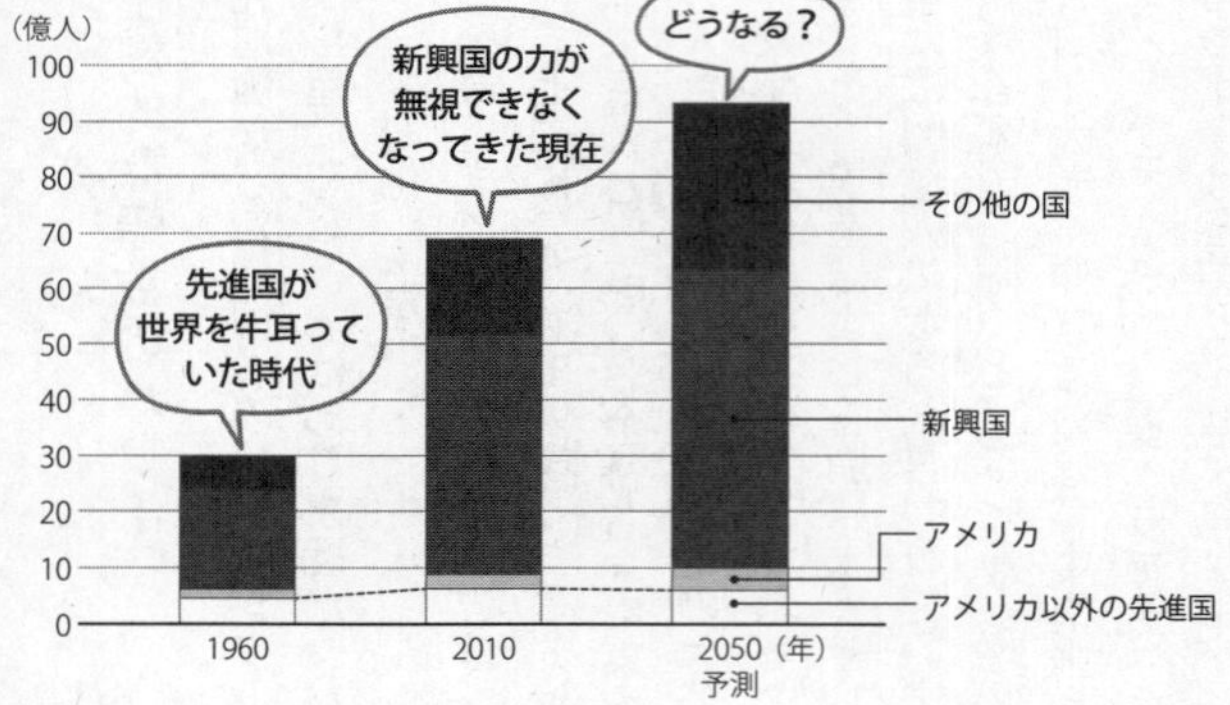

（出典）国連中位推計（2010）
注）先進国を、1人当たりGDPが3万ドル以上の非産油国（日本、シンガポール、イスラエル、デンマーク、フィンランド、アイスランド、アイルランド、ノルウェー、スウェーデン、イギリス、イタリア、スペイン、オーストリア、ベルギー、フランス、ドイツ、ルクセンブルク、オランダ、スイス、カナダ、アメリカ、オーストラリア、ニュージーランドの23カ国）とし、新興国は、BRICsとNEXT11の国（エジプト、ナイジェリア、中国、韓国、バングラデシュ、インド、イラン、パキスタン、インドネシア、フィリピン、ベトナム、トルコ、ロシア、ブラジル、メキシコの15カ国）と南アフリカ、香港、マカオとし、それ以外の国を「その他の国」（188カ国）として集計。

また表8は、世界の人口上位国を2010年と2050年で比べたものです。2010年には米国、日本、ドイツの3つの先進国が15位までにランクインしています。しかし、2050年にその地位を守れているのは、アメリカだけです。

しかもそのアメリカでは、出生率の低い（非ヒスパニック系）白人がほとんど増えないのに対して、ヒスパニック系の人口が大幅に増えるため、人口構成が大きく変化します。表9にあるように、2000年には白人（非ヒスパニック

表8・世界人口ランキング

●2010年

（百万人）

1	中国	1,341
2	インド	1,225
3	アメリカ合衆国	310
4	インドネシア	240
5	ブラジル	195
6	パキスタン	174
7	ナイジェリア	158
8	バングラデシュ	149
9	ロシア	143
10	日本	127
11	メキシコ	113
12	フィリピン	93
13	ベトナム	88
14	エチオピア	83
15	ドイツ	82

●2050年（予測）

（百万人）

1	インド	1,692
2	中国	1,296
3	アメリカ合衆国	403
4	ナイジェリア	390
5	インドネシア	293
6	パキスタン	275
7	ブラジル	223
8	バングラデシュ	194
9	フィリピン	155
10	コンゴ民主共和国	149
11	エチオピア	145
12	メキシコ	144
13	タンザニア	138
14	ロシア	126
15	エジプト	123

（出典）日本は国立社会保障・人口問題研究所中位推計（2012）、その他は国連中位推計（2010）

表9・アメリカの将来人口推計（人種・民族別）

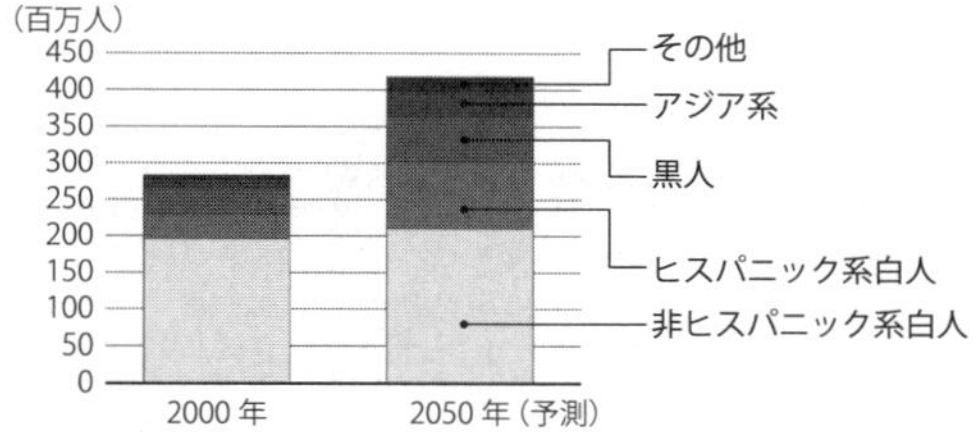

（出典）社会実情データ図録（http://www2.ttcn.ne.jp/honkawa/）

注）白人、黒人、アジア系、その他は人種区分であり、ヒスパニック系か否かは民族別。

系）が人口の7割を占めていたのに、２０５０年には約半数が、（今の定義での）マイノリティ層となるのです。

つまりアメリカは白人の国ではなくなりつつあり、非白人のオバマ大統領の誕生は、それを象徴する現象だとも言えます。２０５０年以降、アメリカで白人（非ヒスパニック系）の大統領が選ばれる可能性は相当低くなるでしょう。

このように、これから先進国の相対的な地位は、頭数という点でも大きく低下します。唯一その地位を維持できるのは、実質的な国の形を変えていくアメリカだけであり、中身が変わらない他の先進国は、どんどんその存在感が小さくなるのです。

もちろん人口だけでなく、平均年齢でも差がつきます。先進国では急速に高齢化が進むのに対して、人口の増える新興国の平均年齢は（一人っ子政策をとる中国を除き）、そこまで上がりません。また、１人当たりの経済力においても、財政赤字に苦しみ、経済が停滞する先進国を尻目に、新興国では当面、経済成長が続きます。国際政治の舞台において、長らく聞き慣れたG７という言葉が、最近はG20などと言われているように、「ごく少数の先進国が、世界全体を牛耳る」というパラダイム自体が、終焉を迎えつつある。これもパワーシフトのひとつと言えるでしょう。

逆流するイノベーション

これからの世界が、「老いた先進国」と、「若くて大量の人口を抱える（現在の）中進国や途上国」という二つの世界に分かれるのだとしたら、それは、何を意味するのでしょう？

たとえば今までは、先進的な技術や商品はすべて先進国で開発されてきました。ファッションや音楽やアートやサブカルチャーなど、洗練されたエンターテイメントは、先進国で生まれ、世界に拡がっていくものでした。しかし、新技術や新しいカルチャーが「高齢化した先進国で生まれ、多数の若者で溢れる新興国で広まる」という流れが、本当に今後も続くでしょうか？

これまで、先進国の圧倒的な有利さは、高度な教育を受ける人の絶対数にありました。基礎教育は世界各国で整備されつつありますが、大学院に学び、博士号を取得するような人材は、その大半が先進国の国民だったのです。

しかしこのような優位性もいつまで保てるかわかりません。既にネット上には、数学からプログラミングまで、動画で懇切丁寧に教えてくれるカーンアカデミー（http://www.khanacademy.org/）という無料の教育サービスが登場しており、カバーする領域もどんどん拡大しています。これを使えば、新興国に生まれても基礎的な教育を無料で受けることができます。さらに勉強を続けたければ、アメリカの一流大学の授業がネット上に無料で公開されています。各分野の専門的な論文もネット上でアクセス可能となりつつあり、高度な教育を受けるためのコストは急速に下がっています。

これまで先進国の人しか楽しめなかった音楽コンサートも、ネット上の動画サイトで鑑賞できます。グーグルは世界中の美術品をデジタル化しようと考えているし、各地の名所や遺跡も数多くのサイトで詳細に紹介されています。今までは、こういった文化的な資産に触れる機会のある先進国の人だけが、先端的な文化活動を担ってきました。しかしこれからは、新興国からも豊かな才能を開花させる子どもたちが出てくるでしょう。

教育を受ける機会が均等化すれば、人口の多い国で、より多くの才能が生まれるのは当然のことです。これまで先進国に集中していた「世界一流レベルの頭脳や才能」は、今後は新興国からも続々と見いだされ、磨かれます。高度に知的な分野においても、先進国の圧倒的な優位性は大きく揺らぐことになるのです。

そして、すでに現実のものとなっていますが、それらの頭脳を取り合う競争（優秀な研究者を巡る世界の研究機関の取り合い）も、より激しくなります。本章の前半で、国家間の格差が個人間の格差に置き換わると書きましたが、同様に今までは研究・教育機関や病院なども、先進国にあるというだけの理由で、世界的な競争力を保つことができました。先進国にしか、高度な教育を受けた人がいなかったからです。でもこれからは、大学も病院も研究機関も、新興国を含めた世界中から優秀な頭脳を集める競争に勝ち抜かなければ、その地位と質を維持できなくなります。

これから新しい文化や技術を生み出す場所は、シリコンバレーのように積極的に外部から優秀な人を受け入れ続けるエリアか、膨大な人口を抱え、急速に教育レベルの上がる新興国です。そういった場所で生まれた新技術や新文化が、日本など、現在の先進国を含めた世界中に拡がるという、イノベーションや文化の逆流が起こるのです。

もちろん介護ロボットなど、高齢化社会が必要とする技術や新ビジネスは、日本を始めとする高齢先進国で生まれるでしょう。しかし、人口の40％が65歳以上（２０５０年の日本）となり、定年が70歳になって、開発エンジニアの多くが40代から60代となった日本の電機メーカーが、アジア、南米、アフリカに住む若者が欲しいと感じる商品やサービスを開発し続けるのは、ほぼ不可能でしょう。

グローバリゼーションの進展と人口構成の大きな変化により、これまで他国の犠牲の上に成り立っていた先進国の人たちの生活と働き方は、大きく変わらざるをえません。先進国から新興国へ。これがグローバリゼーションによって引き起こされる、ふたつめのパワーシフトなのです。

■パワーシフトその3　ストックからフローへ　by人生の長期化

ＩＴ革命とグローバリゼーションに続き、私たちの働き方に大きな影響を与える３つ目の要素が、人生の長期化、すなわち、寿命が大幅に延びる可能性です。

戦後間もない１９４７年、日本人の平均寿命は男性50・0歳、女性53・9歳でした。文字通り「人生50年」だったのです。そこから70年近く平和な時代が続き、経済発展によって栄養と衛生状態が改善され、医療技術も進歩したことで、私たちの寿命は30年も延びました（表10）。

ちなみに、１９６３年に１５３人しかいなかった１００歳以上の人は、２０１２年には5万人を超え、10年後には13万人、２０５０年には70万人近くになると予想されています（国立社会保障・人口問題研究所、死亡中位・出生中位データより）。

少し前、これまで延び続けてきた平均寿命も、もうこれ以上は延びないだろうと言われたことがありました。日本が豊かになってから生まれた世代は、小さな頃から化学物質に囲まれて生活し、栄養過多と運動不足で生活習慣病にかかる人も多いため、寿命の

表10・日本人の平均寿命の推移

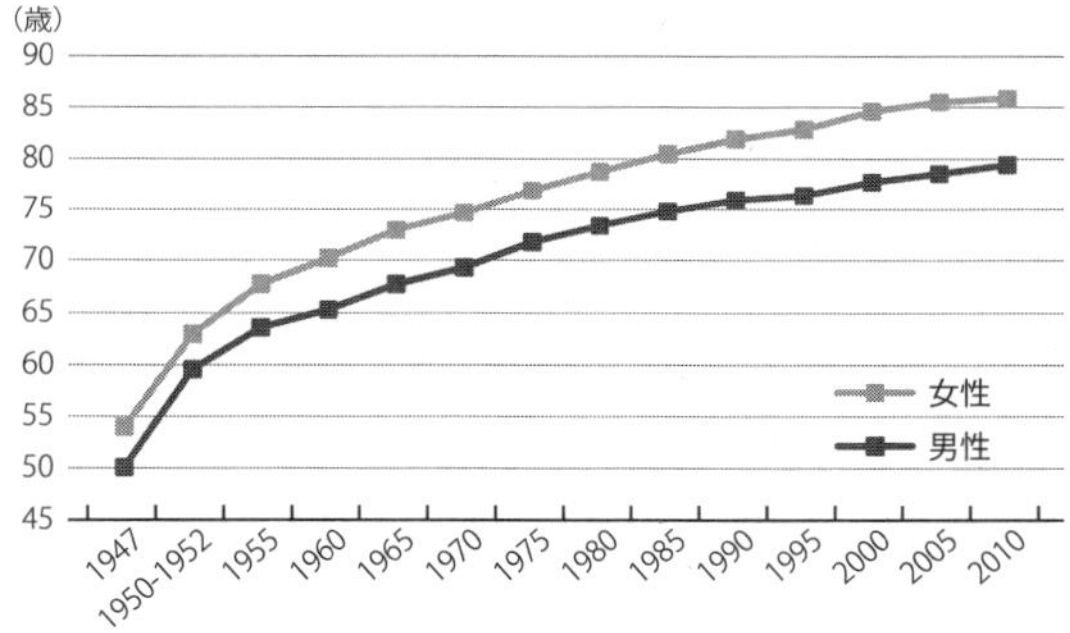

（出典）厚生労働省「完全生命表」

延びもそろそろ頭打ちだというのです。また、寿命の延びに影響の大きい乳児死亡率の大幅な低下も、今後は期待できません。

しかし画期的な医学の進歩があれば、話は変わってきます。もしも高血圧や糖尿病、がんなどに有効な治療法が見つかれば、寿命は一気に延びるでしょう。遺伝子の解析も進んでおり、病気の予防や、抗がん剤の効果的な個別適用が可能になるかもしれません。加えて再生医療も進化します。そういった革新的な医療技術の進展が、次の数十年の間に起こらないと断言できる人はいないはずです。

たとえば現在、何らかの理由で壊れた体内部品を、人工部品に取り替えるための手術を受ける高齢者がたくさんいます。白内障で目の水晶体を人工水晶体に入れ替えたり、動かなくなった関節を人工関節に置き換えたりといった手術です。ほかにも、人工肛門を付ける人もいれば、人工心臓の研究も進んでいます。人工透析も、腎臓の機能を外部的に補う治療方法です。

今こういった手術や治療法において、老朽化したり壊れたりした体内部品と入れ替えられるのは、シリコンや金属で作られた人工物です。けれど今後は、自分の細胞から再生した部品が使えるようになるかもしれないのです。

2012年、京都大学の山中伸弥教授がiPS細胞の研究でノーベル生理学・医学賞を受賞しました。2013年にはこの技術を応用し、失明している患者さんの細胞から網膜細胞を再生して、それを本人の目に移植するという臨床実験が始まりました。

同じように、「もしも体内の部品の多くが、自分の細胞から再生できるようになったら？」と考えてみてください。病気やケガで治療が必要になった人だけでなく、加齢によって各部の機能が落ちてきた人も、老朽化した部品を自分の細胞で作った新品に取り替えられるようになれば、寿命が大幅に延びるかもしれません。

既にマウスでは、iPS細胞から精子も卵子も作ることができています。倫理上の問題があるとはいえ、そういった技術が進化すれば、不妊治療や少子化問題にも今とは全く異なる解決策が出現するはずです。

今年生まれた赤ちゃんが70歳になるまでに、医学は今から70年分も進化します。戦後70年の間に医学がどれほど進んだかを考えれば、次の70年に相当程度、画期的な進展があっても不思議ではありません。そうなれば、平均寿命100歳も決してありえない未来ではないのです。

「一生ひとつの仕事」は非現実的

寿命が100歳となる時代には、働き方も大きく変わります。65歳の一律定年など不可能で、みんな80歳くらいまでは働かないと、個人の生活も社会も立ち行かなくなります。そしてそんな時代になれば、一生のうちにひとつの職業しか経験しないなどという人は、珍しくなるでしょう。

今は20代で正社員として就職した人の多くが、自分は一生、その仕事を続けるのだと思っています。現実には様々な理由で職業を変える人もいるのですが、一般的に想定されているのは「大学を出て会社員になれば一生会社員」という職業人生であり、20歳で美容師になれば一生美容師として（もしくは美容院の経営者として）職業人生を終えるといった働き方です。これは、技術者でも弁護士でも物書きでも同じで、大半の人が「人生において、職業はひとつ」という前提を置いてキャリア形成を考えています。

しかし人生が100年になり、80歳まで働かねばならない時代になれば、働く期間は57年（23歳から80歳）にも及びます。なんと半世紀以上も働くことになるのです。そんなに長い期間、ひとつの職業に就いていると想定するのは、ほんとうに現実的なことでしょうか？

そもそも50年もたてば世の中は大きく変わり、職業自体が不要になる場合もあります。ワープロやパソコンがなかった時代には、代書屋やタイピストという「文字をキレイに書く」、もしくは「文字を打つための専用マシンを操作する職業」が存在していましたが、今やそんな職業は存在しません。

株券を刷るには付加価値の高いハイテク印刷技術が必要でしたが、今や株式は電子的に取引されるため、株券自体が存在しません。お金についても電子マネーやクレジットカードの普及が進んでおり、いつまでリアルな紙幣が必要なのか、誰にもわかりません。電子マネーが普及すれば、紙幣や硬貨、そしてATMのようなマシンも要らなくなってしまいます。また、テープからCD、MD、DVDにブルーレイと、ポータブルな記憶媒体は進化が続いてきましたが、高速通信とクラウドの時代になり、個別の大量記憶媒体も需要が激減しています。

「手に職をつければ安心」といっても、その専門技術を必要とする職業や市場自体が消えてしまっては、意味がありません。ワープロやパソコンの出現前、「きれいな字が書けること」が、事務職として就職したい女性にはとても重要でした。企業がお客様に出す手紙や資料はすべて、手書きだったからです。だからみんな就職のために、習字やペン字を習って「手に職」をつけようとしたのです。

　時代と共に消えゆく職業がある一方、新たに出現する職業もあります。今、引く手あまたのウェブやソーシャルゲーム関連のデザイナーや開発者、介護職やリハビリ支援の専門職なども、私が就職活動をした頃には、まだほとんど注目されていませんでした。今の子どもたちも、私たちがまだ知らない職業に、大挙して就職してゆくことでしょう。

　変わるのは職業ニーズだけではありません。半世紀も働くとなると、自分も変わります。能力、体力や適性、やりたい仕事が、20代と60代で同じだという人は（皆無だとは言いませんが）、多数派とも言えないはずです。

　私は以前、年に何度も海外出張をしていましたが、30代までは何でもなかった国際移動が、40代半ばには一気に辛くなってきました。今から考えても、あの仕事を70歳まで続けるなんて、とても不可能だったと思います。

　その一方、コミュニケーションを始めとする人間力や、洞察力、リスクマネジメントなどの、過去の経験を活かせることについては、若い時より巧く出来るようになります。時代も自分も変わるのに、半世紀も同じ仕事を続けることを当然だと考える必要はまったくないのです。

さらにキャリアの前半と後半では、自己の成長に関するこだわりや、個人生活の重みも変わります。若い時は、より高いスキルを身につけて成長したいと考える人が多いでしょうが、50代以降には、成長よりも、自分の力を社会のために役立てたいと考える人が増えるはずです。

20代から40代までは家庭を築き、子どもを育て、不動産を取得して生活の基盤を築くなど、「新たに作っていく」時期ですが、50代以降は、子離れをし、多すぎる荷物を捨てて身軽になり、自分が本当にしたいことだけに時間を使う「不要なモノを捨てる」ステージに入ります。

居住用の不動産に関しても、若い時に手に入れたいと思うのは、できるだけ便利なところにある、広い住まいです。しかし人生の後半になって通勤の必要がなくなれば、駅の近くに住む必要もないし、掃除が手軽なコンパクトな住まいの方が好ましくなるでしょう。これから子育てをするなら庭付き一戸建てが望ましくても、子どもが独立し、庭の手入れが大変な年齢になれば、バリアフリーな集合住宅の方が楽ちんです。

どこに住み、どんな仕事をしたいか、どの程度の時間働きたいか、どれくらいの収入が欲しいかなどが、半世紀も変わらないと仮定するのは無茶な話なのです。

ストック型からフロー型へ

寿命が延び、働く期間が現在よりずっと長くなる時代、私たちに求められるものは、今とどう変わっていくのでしょう？

私は、「これからはみんな、ストック型からフロー型にシフトしていく必要がある」と考えています。これまでの社会では、できるだけ多くのストック、すなわち資産をもつことが有利とされていました。資産とは貯金のことでもあり、家族や同級生などの人的ネットワークや、大学の卒業証書や資格などの肩書きも含め、過去において手に入れ「ストックしてあるモノ」という意味です。

今の社会では、ストックをたくさんもっている人ほど豊かに暮らせます。貯金はもちろん、いざという時に助けてくれる親や兄弟、年老いた時に助けになるであろう子どもがいる人は、それらをもたない人より手厚いセーフティネットに守られています。立派な学歴や職歴も、持っているだけでその人の信用につながります。だからみんなとにかくストックを増やそうと頑張ります。老後の不安を和らげるために、ストックは多ければ多いほうがよいと考え、相当の貯金があるのに、さらにお金を貯めようとしている人もたくさんいます。

けれど今後、人生100年の時代になれば、ストックが多いことより、その時々になんらかの価値を生み出し続ける「フローの力」の方が重要になります。たとえば、貯金はあるけれど自分で稼ぐ力のない人と、貯金はないけれど、自分で稼ぐ能力のある人の対比が、わかりやすいでしょう。

前者は長期間にわたり大企業で働いてきたような人です。毎月、給与が振り込まれ、年に二回はボーナスも出るし、退職金ももらえて、貯金をたっぷりもっています。けれど、長らく組織から給料をもらうだけだった人には、自分で稼ぐ力がありません。やってみればできるのかもしれませんが、いったいどうやれば（組織に所属せずに）お金を稼げるのか、想像もできないという人がいるのです。こういう人は人生が長くなると、いくら貯金があっても、毎月毎年それが減り続けるという不安に怯えながら暮らすことになります。

彼らは、「自分にあるのは貯金であって稼ぐ力ではない」と自覚しています。だから「もし100歳まで生きたらどうしよう⁉」、「大きな病気をしたらこんな額では全く足りない！」などという計算ばかりして、できるだけお金を使わずに生活しようと、どんどん後ろ向きの老後を送ることになるのです。

一方、ストックは少ないけれどフローの力はもっているという人もいます。貯金は少なくても、最低限の生活費を自分で稼げる人ならば、「もしも長生きしても、なんとか食べていけるだろう」と考えることができます。こういう人の多くは、机に座っているだけで給与が振り込まれる大組織で働いてきたわけではありません。そのため常に自分で、どうやって稼ぐべきか考えています。彼らにとって自分でちょこっと稼ぐことは、ごくあたりまえのことなのです。

長生きの可能性が高まると、いくら貯金＝ストックをもっていても不安は尽きないけれど、稼ぐ力＝フローを得る力がある人は、ストック型の人より安楽に構えていることができます。いわば、「過去に貯めた資産をもつ人から、稼げる人へのパワーシフト」が起こるのです。

人間関係もストックよりフロー

寿命が100年になれば、家族のあり方も変わります。すでにその傾向が見えていますが、親が100歳、子どもが70歳では、一概にどちらの方が元気だとは言えなくなります。

少子化はもちろん、前述したようなグローバリゼーションの流れもあり、これからは海外で働く人も増えますから、高齢者を家族内で支えることはますます難しくなります。もちろん万が一の場合には、遠方からでも家族が駆けつけ、お葬式の手配をしてくれるでしょう。しかし親子や孫がみんな近隣に住み、常日頃から助け合って生活するなどというのは、これまで以上に非現実的な未来となるのです。

今後大事になるのは、「頼りになる家族が（地球上のどこかに）いる」というストック型の人的ネットワークではなく、高齢になってからでも近隣や趣味の仲間、もしくはネット上で知り合った人たちと新たな関係性を作っていくというフローの人的ネットワークの形成能力です。過去に築いた人的資産の質と量ではなく、何歳になっても新たな人的関係を構築していく能力が問われる時代となるのです。

長年にわたってひとつの企業で働いていた人は、定年して5年くらいなら、同じ会社に勤めていた仲間とのネットワークがアクティブなまま保たれ、同期で定年した仲間と、ゴルフや飲み会が楽しめるでしょう。また、新たに出会った人たちとも、「以前は○○という企業に勤めていました」というところから、関係を築いていくのかもしれません。

しかし人生１００年時代には、定年までに築いた人間関係を一生大事に維持していく、というストック活用には限界があります。「2年前まで○○に勤めていました」という自己紹介はありえますが、「20年前まで○○に勤めていました」と90歳の人に自己紹介されても、聞いているほうも困惑します。

しかも、過去に築いた資産はお金同様、人的資産に関しても減る一方です。家族であれ、友人であれ、昔の同僚であれ、人的ネットワークは、誰かが寿命を迎えるたびに小さくなっていきます。寿命でなくても、転居や趣味の移り変わりにより、付き合いが途切れる人も出てきます。人もお金も、ストックは減っていくだけなので、「もっているもの」に頼るだけでは不安が解消できず、ある時点からは孤独な生活に突入してしまうのです。

そうではなく、過去のネットワークが切れても、その時点からまた新しい友人や知人を作っていけるかどうか、今後はそういったフローの力が問われるようになります。今でも60歳を過ぎてから起業したり、仲間を募って新しい活動を始める人もいます。こういった人たちはフローの力、すなわち、作り出す力をもっているのです。

生き残った人たちが支えあう仕組み!?

今は若い人に流行っているシェアハウス（共同の賃貸住宅）も、遠からず高齢者向けのものが増えると私は見ています。若者も高齢者も単身者が増えれば、家族以外の人と共同生活をする人が増えるのは自然なことなのです。

そこで一緒に暮らすのは、家族でも元の会社の友人でもなく、「たまたま長生きした仲間」です。つまり、高齢になってから新たに知り合った人たちです。そういった場所での共同生活が楽しめるかどうかは、いくつになっても新しく人間関係を築くことができるという、フローの力にかかっているのであって、過去に家族や友人や同僚がどれほど多かったか、というストックの量ではありません。

ところで、私が考える究極の老後対策は次のようなものです。65歳くらいの段階で10人程度の人たちが、同じマンションに住みます。分譲でも賃貸でもいいのですが、個別の家に住むのでプライバシーは守れます。そして、たとえばランチだけは毎日もちまわりで誰かの家で一緒に食べるというようなルールを決めます（わざわざ料理をする必要はなく、出前かコンビニ弁当の持ち寄りで十分です）。

これは擬似的な高齢者シェアハウスです。これでみんな孤独にならず、（あまりいい言い方ではありませんが）毎日の生存確認ができます。病気や病院の情報も共有できるし、趣味の仲間もできるかもしれません。緊急の時には助け合えるでしょう。かといって、ランチ以外は集まる必要はないので、プライバシーも自由度も確保できます。

そしてここからがポイントなのですが、それぞれが自分の財産の相続人として、その仲間を指定するのです。10人のうち誰が死んでも、その人の財産は残りの9人が分割して相続するということです。

残りが9人になると、次に亡くなった人の資産は残りの8人で相続します。これを続けていくと、最も長生きする最後の一人が、他の人の財産を全部もらって、長寿の生活費に充てていくことができます。

これは、いわば「長生きリスクを、同世代の中で経済的に担保する、私的でこぢんまりした保険制度」です。早く死んだ人は自分の財産が（自分の子どもや孫ではなく）他人に譲渡されますが、万が一長生きした場合は、（子どもや孫に頼るのではなく）他人の資産を分けてもらって暮らすことができます。


それぞれの人が最初にもっている貯金額は、大きく異なるでしょう。だとすると、たくさんの貯金がある人は損だと思いますか？ 自分は貯金が多いから、こんな仕組みには参加したくないと思う単身者もいるのかもしれませんが、私なら財産が自分の死んだ後、誰に渡ろうとあまり気にはなりません。死んだ後のことなんてどうでもいいです。

相続権者である子どもや孫が怒るだろうって？ 鳩山家のような巨額の資産があるならそうでしょうが、せいぜい数千万円の貯金なら、子どもだって親の長生きを支えなくてはならないリスクから解放される方が、嬉しいのではないでしょうか？ 自分の親が何歳まで生きるか、誰にもわからないのです。１００歳まで生きる可能性のある親を支え続ける責務から解放されるなら、相続なんて放棄するという人もいるでしょう。

70歳、80歳となり、亡くなる人が増えてグループの人数が減ってくれば、またその時点で生き残っている人たちだけで、新たに10名のグループを作ればいいのです。人生100年の時代、最後に助けあえるのは、家族でも昔の同僚でも、若い頃の親友でもありません。「たまたま生き残った仲間」なのです。

もちろん現実的には、相続税など様々なテクニカルな問題があるのですが、コンセプトとしては悪くないはずです。将来は一人暮らしの単身高齢者が激増すると見られているのだから、事業としてこういうマンションを経営する会社が出てくるかもしれません。いずれにせよ「誰が長生きするかは、誰にもわからない」のですから、最初から仲のいい友だちをたくさん作って備えるより、たまたま長生きした人たちで仲良くやっていく力を鍛えておく方が、よほど大事です。

これまでは、お金にしろ人的ネットワークにしろ、過去に貯めたものの多さ（＝ストックの量）が人生の豊かさを規定していました。だからみんな必死で働き、頑張ってストックを増やそうとしてきました。

でも100歳まで生きるかもしれない時代に、過去に貯めた資産を後生大事に握りしめ、資産が減らないか、これで十分か、と心配しながら生きる人生は、楽しいものではありません。そうではなく、組織を離れても稼げる力や、年齢を重ねても新しいものに挑戦できる好奇心や前向きな姿勢、見知らぬ人とも良好な関係を築ける人付き合いの能力などが、人生の豊かさを決めていくのです。

現実に、何千万もの貯金をもちながら、寂しい老後を送っている人はたくさんいます。一方、そんなお金はないけれど、楽しく生きていける人もいます。過去に貯めたものだけではもたないほど人生が長くなると、たくさんの資産をもつ人から生きる力のある人への、パワーシフトが起こるのです。

第三章

新しい働き方を模索する若者たち

■惜しげもなく大企業を辞める若者

こうして社会が大きく変わろうとしている中、従来型の働き方に疑問をもつ人も増えています。「大学を出た直後に一流企業に就職し、一生転職をせず、辞令に従ってひとつの企業で定年まで働く」という定番の成功コースを、敢えて選ばない若者も目立ち始めました。日本を代表する大企業が、長年会社のために忠誠を尽くしてきた働き盛りの社員をリストラする時代では、それも当然なのかもしれません。

今、社員1000人以上の大企業に限っても、せっかく入った企業を自ら辞めてしまう若者は、相変わらず高水準です。

厚生労働省が発表した「新卒学生の3年以内の離職率」（表11）によると、2013年4月に入社した人の7・8％が1年以内に、2012年4月に入社した人の15・3％が2年以内、そして2011年4月入社の人は22・8％が3年以内に退職しています。

表11・新卒学生の3年以内の離職率

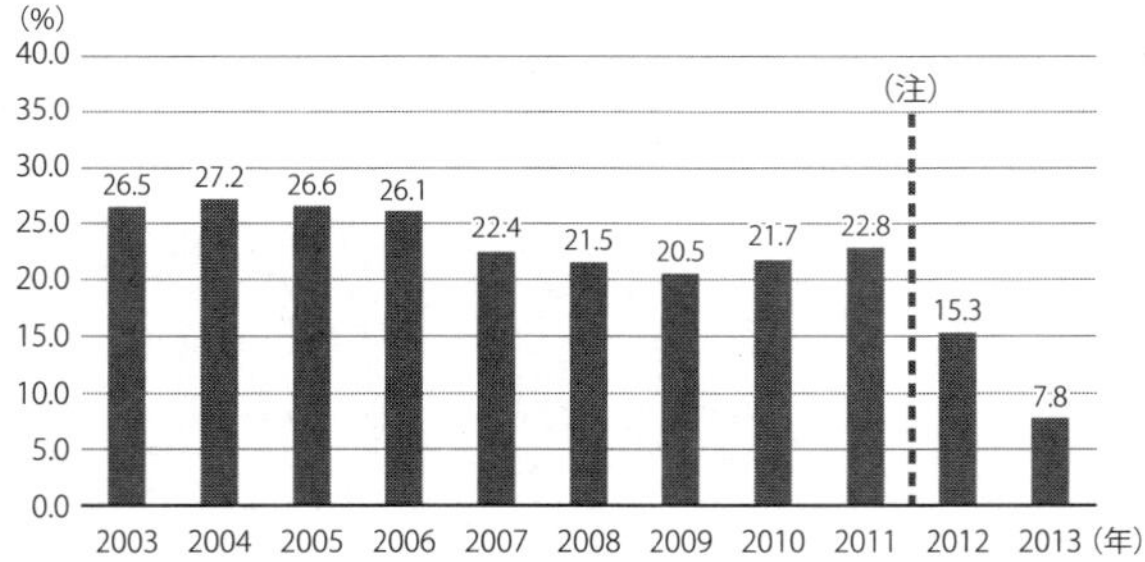

（出典）厚生労働省「新規学卒者の離職状況に関する資料」（1000人以上の事業所）
注）2012年3月卒については就業2年後、2013年3月卒については就業1年後の離職率

当たり前ですが、この数字の現実的な最高値は１００％ではありません。新卒で就職した社員が全員、３年以内に退職するなどあり得ないし、50％でさえ非現実的なほど高い数字です。

現在の離職率をどう解釈するかは人によりますが、私には、「社員数１０００人以上の企業に就職した新卒学生の５人に１人以上が３年以内に退職している」というのは、十分に高い数字だと思えます。社員１０００人以上の企業ともなれば、採用にもそれなりの予算と人手をかけています。新人１００人のうち23名が３年以内にいなくなるのでは、人事部としては頭が痛いでしょう。

さらに興味深いのは、大企業を辞める若者たちを見る社会の目の変化です。彼らは今まで、単なる落ちこぼれか、相当の変わり者と見られていました。その行動や考えに、一般の人が参考にできるものなど何もないと、思われていたのです。

しかし最近は、有名企業を辞めた若者に注目が集まり、メディアがその決断を取り上げ、体験談も相次いで出版されました。これは彼らの行動について、「なにかしら合理性があるのかもしれない」と、考える人が増えてきたためです。大企業を数年で辞める若者を、社会性のない落ちこぼれだと決めつけていた時代は終わり、彼らはもしかすると時代の先駆者かもしれないと、分析される対象になってきたのです。

大企業で働くという合理性の毀損

大企業を辞めた若者にインタビューをする（大企業を辞めていない）大人たちの多くは、「なぜそんなにいい企業を辞めてしまったのか？」と興味津々です。しかし多くの場合、辞めた当人はあっけらかんとしています。

つい最近まで（大半の人にとっては今も）、大企業や公務員組織に就職を果たし、ずっとそこで働き続けることは「合理的に考えて一番トクな道」でした。

- 金銭的な報酬が圧倒的に高い（給与も退職金も年金も！）
- 盤石《ばんじゃく》で安定している（大企業だという理由で、政府や銀行が潰さないことさえある）

・雇用も守られているし（解雇規制が守られているのは公務員組織と大企業が中心）
・仕事もおもしろい（名刺力も抜群だし、権限や予算も大きい）
・キャリア形成のチャンスがあり（海外勤務や大きなプロジェクトのチャンスが多い）
・世間の評価も高く（合コンやお見合いや知人・親戚の評判において最強！）
・学習機会も多いし（派遣留学や研修制度が整っており）
・福利厚生も充実している

と、いいコト尽くめだったからです。これじゃあ起業したり中小企業で働くより、大企業や公務員を目指すのが合理的に考えて正しい選択だと、みんな思います。ではこれらの恵まれた環境を捨ててまで、新しい働き方を模索する若者らの選択は、非合理なものなのでしょうか？

そうではありません。彼らが手に入れたいと考えているものは、必ずしも大企業で得られるものではなく、むしろ大企業を辞めることによって得られるものだからです。たとえば、

〈大企業を辞める人が重視する価値〉

・勤務時間や服装に求められる、日常的な規律からの自由

・個人生活を優先する自由（恒常的な長時間労働を当然とし、有給休暇は簡単には取れないものだという不文律がある大企業は今でも多い）
・人生の一時期、数カ月から数年単位で子育てや介護に専念したり、留学したり、退職・復職しながら働くといった、働き方の柔軟性
・個人として意見を表明する自由（ネット上での個人の発信を規制する組織も……）
・組織の序列からの自由（実力にかかわらず何年もの下積みが求められる）
・やりたい仕事をやることの価値（担当業務は辞令で決まり、希望部署に異動するには、何年も粘り強く交渉する必要がある）
・くだらない形式的な仕事に人生の時間を奪われない自由（大組織には、誰も読みかえさない会議の議事録でも、何度も練り直して上司のチェックを受けて完成させるといった、意味のわからない仕事がたくさんある）

こういった価値観をもつ人にとっては、たとえ高給で安定していても、必ずしも大企業の社員という立場が「絶対、手放すべきではないお宝」には見えなくなりつつあるのです。

加えて、大企業に所属することの価値として挙げたメリットのいくつかも、今や大きく揺らぎ始めています。高給で知られていた業界でさえ、40代の年収はピーク時から大

幅に下がっており、ポスト不足のため、部下のいる役職に就けないまま何年もすごす中高年社員もいます。ボーナスカットやリストラを行う企業も少なくありません。

スゴイと思えない大人たち

さらに、若い人が大企業を辞めるもうひとつの理由は、彼らが今の大企業にいる40代、50代の人たちに、失望し始めているからでしょう。私が就職した頃には、働き盛りの上司と自分の間には、明白な仕事力の差がありました。情報や知識、判断力や胆力、そして様々な経験知において、圧倒的な差があったのです。

しかし、今はどうでしょうか？　もちろん今でも入社3年目くらいまでは、自分が余りに何もできないので、上司や先輩から学べることはたくさんあります。

しかしその後は、「それってどうなの？」という点があれこれと目に付き始めます。ネットで調べればすぐにわかることを知らず、新入社員より英語が不得意な部長や課長。不可解なほど意思決定が遅く、中身より形式や権威を重視するなど、意味不明な慣行がまかり通る組織。時代が変わっているのに、枠にはまった考え方しかできず、何でも否定から入る癖がついてしまっている40〜50代も少なくありません。市場の成長が終わってしまった分野では、既得権益を守ることが仕事になっている部門も多く、若者が尊敬できる志さえ感じることができません。

急速に進んだIT化やグローバリゼーションの進行が、大組織にいる〝若くない人たち〟を一気に時代遅れにしてしまい、若い世代から見ると、「なにこの人？」みたいな中高年社員が激増しているのです。

こんな環境では「これは自分の送りたい人生とは違う……」と考える若者が増えるのは当然だし、「上にこんな人がいっぱいいる会社の将来性ってどうなの？」と、不安にもなるでしょう。そんなところで、社内でしか通用しないと思える仕事を、「石の上にも3年は我慢して続けろ」と言われたら、将来が心配になるのも当然です。

確かについ最近まで、大企業に勤め続けることは圧倒的に正しい、合理的な選択でした。しかし今は、

・これまで大企業が提供していた価値に、陰りが見え始めたことに加え、
・大企業では手に入らない自由度や柔軟性を重視する人が増え、
・長く大企業にいる人の中に、「ああはなりたくない」と思える人が多い一方、
・会社を辞めて楽しくやっている人たちもけっこういるとわかってきた！

のです。

また、いきなり辞める勇気がなくても、安定した企業に所属しながら、週末起業をしたり、ネット上で活動したり、ボランティア団体を主宰するなど、別の活動を始める人もいます。

多くの人はそれらを趣味の範囲にとどめ、二足の草鞋《わらじ》を続けますが、中にはその活動が軌道に乗り始めた時点で、勤め人としての草鞋を脱ぐ人も出てきます。より慎重な彼らもまた、どこかのタイミングで自ら組織を離れるのです。

こういった若者は、これから益々増えていくでしょう。さらに、これは甚《はなは》だ個人的な肌感覚ですが、新卒の就職時に伝統的な大企業を志望しない一流大生も、最近は相当に増えてきたと感じます。

私は長く外資系企業に勤めていましたが、２００５年頃からは、応募してくる学生たちの意識の変化に驚かされることが多くなっていました。以前は日本の大企業と併願する学生が多かったのに、今、外資系企業を受けにくる学生たちの併願先には、伸びざかりのベンチャー企業が急増しているからです。中には、起業か外資系企業という選択肢を語る学生もいました。

表12は、２０１１年度の慶應義塾大学の法学部政治学科の学生と、環境情報学部（湘南藤沢キャンパス〔ＳＦＣ〕）の学生の上位就職先企業です。法学部政治学科の学生が就

職する企業名は、私が学生だったバブル期の人気企業とほとんど変わりません。しかし、環境情報学部生の就職先リストには、明らかに異なる傾向が見られます。またこの表では、3名以上の学生が就職した企業だけが掲載されているのですが、環境情報学部のリストではその企業数自体が少なく、学生は、より多様な企業にばらけて就職しているようです。

もちろん環境情報学部生の就職先も、新興企業とはいえ、すでに一定の成功を収めている企業ばかりですが、これからはもっと小さな企業に就職する一流大生も増えるでしょう。アメリカでは2010年に「Teach For America という教育系NPO法人が、ディズニーやグーグルなどの有名企業を抑えて就職人気ランキングのトップ(2010年全米文系大学生・就職人気ランキング ユニバーサム社調べ)となり、話題になりました。

一流大学を卒業する息子や娘が、設立まもないNPOに就職するとなれば、驚き、反対する親御さんもいるでしょう。そういえば20年前に私が米系の投資銀行で働いていたとき、内定を出した学生のひとりが、都市銀行に就職してくれと両親に泣いて頼まれ、内定を辞退してきました。彼は当時、ある上位都銀からも内定を得ていたのです。たしかに米系の投資銀行は完全な実力主義で、仕事ができなければ解雇もあり得る職場ですから、ご両親の気持ちはよく理解できました。でも彼が就職した都銀は、今はもう存在していません。

**表12・慶應義塾大学法学部政治学科とSFC環境情報学部の
2011年度上位就職先企業（3名以上　上位20社）**

●法学部政治学科　　就職者数480人　（人数）

1	三菱東京UFJ銀行	21人
2	野村證券	13人
3	みずほフィナンシャルグループ	10人
4	三菱商事	9人
5	住友商事　三菱UFJ信託銀行	8人
6	第一生命保険　東京海上日動火災保険　日本放送協会　三井住友銀行	7人
7	NTTデータ　日立製作所　富士通	6人
8	三井物産	5人
9	NTTコミュニケーションズ　電通　日本生命保険　丸紅	4人
10	アメリカンファミリー生命保険会社　グーグル　静岡銀行　資生堂 住友生命保険　全日本空輸　ソニー　大和証券 東京瓦斯　トヨタ自動車　日本政策金融公庫　日本政策投資銀行 日本郵船　三菱地所　リクルート　りそなグループ	3人

●環境情報学部　　就職者数306人　（人数）

1	サイバーエージェント	9人
2	グリー　電通　野村證券	6人
3	楽天　リクルート	5人
4	富士通	4人
5	SMBC日興証券　KDDI　ディー・エヌ・エー　豊田通商 日本アイ・ビー・エム　野村総合研究所　日立製作所 三井住友銀行　ヤフー	3人
6〜10	なし (3名以上が入社した企業は以上のみ)	

（出典）慶應義塾大学三田キャンパス学生部　就職・進路支援担当　2011年度参考データより作成
注）人数は2012年4月30日現在。原則として本人からの届出に基づく。

こと先行きに関しては、親のほうが学生よりよくわかっているわけでもないのです。大企業を辞める若者たちは社会の変化を敏感に感じ取り、自分のアタマで考えて、これまでとは違う選択を始めているのでしょう。

■間欠泉的キャリアを選ぶ

もうひとつ若い人たちの働き方に関して、「こういう働き方があるんだ！」と驚いたことがあります。２０１２年に、フィリピンのセブ島にある日本人向け英語学校の見学にいった時のことです。生徒は大学生と、20～40代の社会人が半々でした。大学生はともかく、社会人の方はどんな職業の人たちなのか関心があり、いろいろと話をしてみました。すると、彼らの多くは転職の合間の留学であり、かつ留学後、次の仕事を見つけることにほとんど不安をもっていない人ばかりだったのです。

彼らの仕事は大きくふたつに分かれていました。ひとつは、医療・介護系の仕事です。看護師や薬剤師はもちろん、介護士、保健士、医療関係の技師、理学療法士、言語聴覚士などリハビリのエキスパートの方などです。高齢化の進む日本において、現在この分野には大きな需給ギャップがあり、どこもかしこも常に求人がかかっているのです。

なので、病院や会社を辞めて留学するなど職歴に少々のブランクをつくっても、みんな次の仕事探しに困りません。こういった人たちは、語学留学だけでなく、沖縄で半年間のマリンスポーツライフを楽しんだり、もしくは長期の世界旅行をするなど、数カ月のリフレッシュ期間を経た上で、次の職場を見つけることが可能になっているのです。

もうひとつの職種は、ＩＴやウェブ関係のスキルと職務経験をもつ人たちです。プログラマーやウェブデザイナーとして、スマホアプリやソーシャルメディア、ゲームなどの開発をしています。

この分野も、今は失業を懸念する必要がほぼありません。数年前、技術力があれば新卒学生でも１０００万円もの年収を払うと宣言したソーシャルゲームの会社が話題になりましたが、業界内では今も技術者の引き抜き合戦が続いています。この分野で一定の経験とスキルがある人なら、数カ月くらい仕事を離れても、失業リスクとは全く無縁なのです。

ポイントは需給ギャップ

このとき私はフィリピンで初めて、こういった職業に就くことのメリットを現実に目にしました。再就職に不安のない仕事を得ると、「何年か働いたら、何カ月かは休みを取る」という働き方が可能になるのだと気がついたのです。

「若い時は必死で働き、遊ぶのは定年後にすべし」と考える人には受け入れられないかもしれませんが、世界放浪にしてもマリンスポーツや山登りにしても、できるなら定年後ではなく、体力があり感受性も強い20～30代の時に楽しめたほうがよほど望ましいですよね。

公務員や大企業の社員は、一生安定した収入が得られることから人気がありますが、こういった職業では（産休など特定目的以外では）、何年か働いた後に数カ月間の休みを取り、その後また働き始める、といったことはできません。いったん辞めたら、再雇用もほぼ不可能です。

セブ島の英語学校に来ていた大学4年生が、「就職したらもう休めないから、卒業まではひたすらダラダラしてすごしたい」と言うので、「20代のくせに、１９７０年代の日本人みたいなことを言うのね」とからかったのですが、今までの日本人はまさに「就職したら、次の長期休暇は定年後」と覚悟していました。一部の企業ではいまだに、長期休暇が取れるのは家族が死んだ時と新婚旅行の時だけ、と言われるほどです。

定年までの40年の間に、子育てや介護、留学や個人の趣味への没頭など、自分はこのことに是非、数カ月単位で人生の時間を使いたいと思えるイベントが発生する可能性は、誰にでもあります。けれど大組織の正社員という一直線型のキャリアでは、そんな寄り道は許されません。

これに対して、需要が圧倒的に大きな市場で手に職をつければ、それとは一線を画した新しい働き方が手に入ります。それは一定期間働くごとに、リフレッシュや個人の趣味のため、そして家族のために、数カ月から一年もの休みを挟むという、いわば「間欠泉的なキャリア」です。

休みの間には、世界放浪をしてもいいし、英語留学や中国語留学を挟んでもいいでしょう。趣味の料理やアートを極めるための専門学校に通ってもいいし、男女を問わず、一定期間は子育てや介護に没頭する生活も選択できます。数カ月休んで、自力で家の改装に取り組むとか、歌手や役者になるための修業にチャレンジしてみるなど、子どものころからの夢を、期間限定で追いかけてみることもできます。

特にやりたいことがなくても、私のように「23歳から65歳まで40年以上も、休まずに働き続けるのはとても無理！」という人も、一定数いるはずです。実際に私はこれまで、会社や仕事を変えるごとに、数カ月から数年の休暇や留学を挟みながら働いてきました。こういった働き方も、一生の間に何度か転職する人の多い欧米では珍しくありません。

これまでは、公務員になるとか、大企業に入って一生働き続けることが、望ましいキャリアだとされていました。職業選びにおいて、解雇されにくさや収入の高さが重視されていたからです。もちろんこれからも、それらを重視する人はいるでしょう。しかしその一方で今後は、働き方の柔軟性を重視する人も増えてくるはずです。彼らは間欠泉的なキャリアの方が好ましいと考え、どうしたらそういった自由度の高い、多彩な人生設計が可能になるのか、という視点で職業を選び始めます。

今は、技術者になりたいのか、マーケッターになりたいのか、それとも商社マン（ウーマン）になりたいのかなど、仕事の中身で職業選択をすることが当たり前のように思われています。しかし、仕事の中身ではなく、働き方で職業を選ぶ人は過去にも存在していました。

1986年に日本で男女雇用機会均等法が施行される前には、そういう視点で教師や公務員を選んだ女性がたくさんいるのです。彼女らはその仕事が好きだったというより、「女性でも寿退社（結婚して退職すること）を迫られず、産休が取れ、定年まで働ける職業」だという理由で、これらの仕事を選んでいました。

同じようにこれからは、仕事の中身より先に、「半年程度のブランクをあけても、転職や職場復帰が容易な仕事を選びたい」と考える人が増えても不思議ではありません。

第一章の「〝イクメン〟どころの騒ぎじゃない時代」で紹介したように、そうでなければ育児、夫婦同居、そしてさらには介護など、家族生活を維持することさえ難しい世の中になる可能性があるからです。

「柔軟な働き方が可能な職業の中から、やりたい仕事を見つける」という発想になれば、ウェブデザイナーを目指してみたいと思ったり、リハビリの支援をする理学療法士や言語聴覚士の仕事にやりがいを見出す人は、今より一気に増えるのではないでしょうか。

もちろん、未来永劫これら特定の仕事が、需要過多かどうかは誰にもわかりません。高齢化のトレンドや、介護・医療業界の制度変更、話す人口が多い言語へのニーズ、規制緩和や新技術の動向をよく見ながら、常にスキル開発の努力を怠らないことは、誰にとっても重要です。それでも、需要が供給を大きく上回る仕事を選ぶことのメリットは非常に大きく、それだけの努力をする価値は十分にあるでしょう。

大組織に一生囲われて生きる「安泰だけれど40年以上中断できないキャリア」と、「5年働いて数カ月休む」、「10年働いて2年間留学する」、「3年働いて、半年は専業主夫」といった自由度がある間欠泉的キャリア。もしどちらでも好きな方を選べるとしたら、みなさんはどちらの働き方を選びたいですか？

〝手に職〟の罠

ただしここで気をつけたほうがいいのは、古典的な意味での〝手に職〟概念です。これまでも日本では、「手に職をつければ仕事に困らない」とよく言われていました。その代表的なものが、医者や弁護士、薬剤師や会計士、教師などの資格を取ることです。しかし、現在もっとも合格するのが難しい資格である弁護士や会計士は、厳しい就職難に見舞われています。高い授業料を払って法科大学院や専門学校に何年も通い、難関試験に合格して研修まで受け、ようやく資格を取得したのに、就職先が見つからない人も多く、問題になっているのです。

いまや難関資格さえ取れば、一生食べるに困らないという考えは通用しません。先に例として挙げた、医療や介護関係の仕事をしている人が職探しに困らないのは、彼らが資格をもっているからではなく、労働市場において供給を大きく超える需要があるからです。大事なのは「資格の有無」ではなく「市場のニーズの有無」なのです。

介護関連の資格は、司法試験や公認会計士試験のように、一流大学生が大学院やダブルスクールで大金を払って学ばねば合格できないような難関試験ではありません。また、大学入試にはプログラミングは含まれていませんから、現在ウェブ関連の技術をもって活躍している人たちも、必ずしも学校で成績が良かった人たちとは限りません。ゲーム会社で活躍する人の中には、小さい頃から勉強よりゲームのほうが好きだったという人もいるでしょう。

すなわち、今、間欠泉的な働き方ができる状況にいる人は、必ずしも一生懸命勉強してお受験を勝ち抜き、いい学校に入り、いい会社に入った人ではないのです。

旧来型の考え方をする大人たちは、「介護の仕事なんてきつくて給与も安い。自分の子どもにはやらせたくない」と考えるのかもしれません。しかし、いまやそれなりの規模の企業に入っても、若者の給与はそんなに高くありません。しかも今までのように、ずっと働いていればそのうち給与が高くなるのかと言えば、今から40年後にも確実に儲かっていると断言できる企業など、どこにもありません。

現時点でさえ日本を代表する企業が、中高年のリストラを必死で進めているのです。そうであれば、少なくとも現時点において「市場のニーズが高い仕事」で経験を積んでおくことのほうが（柔軟なワークスタイルが手に入るという利点に加え）、将来のためにも安全だとは言えないでしょうか？

しかも介護系の仕事は、これから長期に渡り日本に住み続けられるであろう（＝日本国内で需要が減らない）仕事です。今も地方では「地元に住み続けたいから転勤のない企業を選んで就職する」という人がいます。これからはそれと同じように、海外転勤がなく日本に住み続けられるから高齢者向けの仕事を選ぶ、という人も出てくるでしょう。

一部の若者は、こういった社会の変化に気がついています。従来型の「正しい職業選択」が必ずしも報われる道ではないと、直感的に感じ始めているのです。そして、「そんな働き方をしていて、将来はどうするんだ？」という不安げな大人たちを尻目に、市場が成長し続ける分野、需要に供給が追いつかない分野を選び、自由度と柔軟性を確保して、「働く」と「働かない」を繰り返す働き方を選んでいるのです。

子どもの教育に熱心な親御さんは、「将来、子どもが仕事に困らないよう、資格を取らせたい」と考え、その際、「できるだけ難易度の高い資格がよいのではないか？」と考えがちです。しかし資格の難易度は、仕事を得やすいかどうかとは無関係です。

「教育投資は報われる」とよく言われます。私もそれには同意します。しかし、ここで言う教育とは、難関資格を取るための勉強のことでも、一流大学の卒業証書を得るための勉強のことでもありません。そうではなく「社会で求められる価値を提供する力をつけるための教育」です。教育する中身を間違えれば、たとえ教育分野であっても、その投資が報われることはないのです。

■海外で働く若者たち

自ら進んで海外で働こうとする若者も、増えてきました。80年代に社会に出た私の世代にとっては、海外で働くとは勤め先の企業から、海外転勤の辞令が出ることを意味していました。しかし最近は、大学を出てすぐに海外で起業をしたり、転職先としてアジアやシリコンバレーで働くことを視野に入れたりと、より主体的に海外に出る人が増えています（若者だけではありませんが、表13にあるように、海外に住む日本人は過去20年以上ずっと増え続けており、今や日本人の１００人に１人は海外在住なのです）。

また海外就職と言えば以前は、日本企業ではチャンスが与えられない女性が、香港やシンガポールで現地就職する例が多かったのですが、最近は男性がアジアで就職するケースも目立ちます。「アジア　就職」で検索すると、日本人にアジア各国での仕事を紹介するサイトがたくさん見つかります。現地にオフィスを開いている転職斡旋会社も多く、海外での就職活動のノウハウをまとめた本も相次いで出版されています。

これまでは、アジアでの現地採用と言うと報酬も低く、日本人男性にとっては魅力的な仕事ではありませんでした。しかし今の若者から見れば、日本国内でも報酬は低く、長期的にも待遇改善が望めない職場がたくさんあります。ならばアジアで働いたほうが、語学力がつく、将来のキャリアにつながる体験が得られる、しかも生活費が安いので貯金もできるなど、メリットが大きいのです。さらに税金や社会保障費の負担も日本より安いことが大半で、額面給与が2割少なくても手取りは同じだったりします。もちろん日本ほど福祉制度は整っていませんが、健康な若い人たちにとっては大きな問題ではありません。

給与が安いのは、経験を積むための場数代や、語学力を伸ばすための投資分が引かれているのだと考えれば、高額な授業料を払って欧米のビジネススクールに行くより、よほどコストパフォーマンスがいいとさえ言えるでしょう。

さらに、日本に居ながらごく自然に海外の市場に向き合う人たちも増えています。自分が開発したアプリをアップルストアで販売する若者たちは、最初から世界市場で作品を売っています。YouTube にメークの方法（お化粧のノウハウ）を録画した動画をアップロードし、その広告で稼ぐ若い女性も、アジアや欧米など海外の顧客から収入を得ています。このように、世界に向けて商売をすることは、昔より圧倒的に身近になっているのです。

他にも、日本に来ている留学生や観光客から勧められ、自分のラーメン屋をアジア展

表13・海外在留邦人の推移

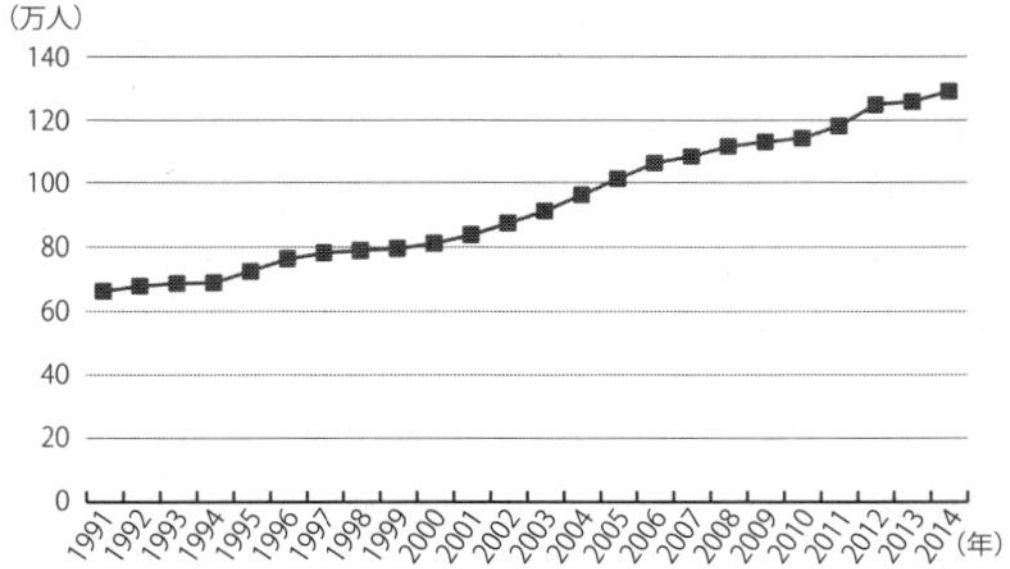

（出典）外務省「海外在留邦人数調査統計」（2015年要約版）

開できないかと考える人や、学生時代に知り合った他国の友人と一緒に、輸入品販売のネットショップやオンラインの語学学校を開く人もいます。

大企業にとっての海外進出は、大規模な予算と覚悟が必要となる大げさな決断ですが、若い人にとっての「アジアで売る」「アジアで働く」はもっと自然なものです。ＬＣＣの普及で移動費用も格安になっているし、一流企業かどうかと、組織の格をやたらと重視する日本で商売をするよりも、商品さえよければ買ってくれるアジアの人たちを相手にしたほうが、新興企業にとってはラクで有利な場合も多いでしょう。

こうしてアジアで働く人が増加すると、現地で働く日本人を顧客とした様々なビジネス（飲食店はもちろん、人材斡旋業や、弁護士、会計士、不動産業、コンサルティング業務や医療機関など）にもニーズが発生し、それらのサービスを提供する人もまた、アジアにチャンスを見いだします。

加えて生活費の安いアジアで暮らす人の中には、日本よりそれらの国の慣行が好きだという人もいます。東京では分刻み、秒刻みで地下鉄が運行されていますが、その裏では、秒単位の正確な運転を求められ、高いプレッシャーにさらされて働いている人が多数存在しています。

何においても完璧を求められる日本より、おおらかでのびのびとした（ややいい加減な）国で働くほうが気楽で楽しいという人にとっては、アジアで働くことがより好ましい選択肢のひとつとなっているのです。

もちろん、日本人が出ていくのはアジアだけではありません。シリコンバレー近隣は、気候が温暖で移民が多く、外国人に寛容なエリアであること、そしてなによりもＩＴやウェブの分野で世界をリードする企業が集っており、未来を変える次世代の起業家と共に働ける可能性もあるエキサイティングな環境です。

留学や転勤の後そのまま移住したり、赴任中に派遣元企業を退職し、現地で独立する人もいれば、中には、子どもに英語力と起業家精神を身につけさせたいという理由で、この地に住むことを選ぶ人もいます。

他にも金融やメディア、アートなどの分野でプロフェッショナルを目指す人が、アメリカやヨーロッパに移り住むケースもあれば、大学の研究者の中にも拠点を海外に移す人がいます。

「海外へ出よう、日本以外に目を向けよう」と若者に勧める本も、いくつも出ています。日本市場が閉塞感を強め、高齢者の雇用を確保するために、若者の給与や雇用を犠牲にするなど、若い人たちに負担を押しつけ続ける限り、これからも海外に目を向ける若者は増え続けるでしょう。

もちろん、若者全員が海外で働きたいなどと考えるわけではありません。しかし日本は高齢化と低成長に喘《あえ》ぎ、若い人の社会福祉負担は今後も益々重くなります。一方アジアの国では、たとえ今の給与が低くても、毎年10％ずつ売上や年収が上がっていく右肩上がりの社会です。そこには、日本にいてはもはや味わうことのできないダイナミズムや成長感があります。

今の給料は安いけど、貯金ができないわけでもないし、給与も毎年上がっていく。そして何より、将来のキャリア形成につながる。だったら日本より、高度成長を続ける国で働きたいと思う人が増えることは、ごく自然なことでしょう。

■ミニマムに暮らすという選択

それとはまったく別の形で、これまでの常識とはかけ離れた生き方を選ぶ若者もいます。それは、生きることにかかる費用を最小化することにより、人生において働かなければならない時間を、最小化しようという生き方です。

彼らはシェアハウスに住み、都内の個室住まいでさえ月々の家賃を数万円以内に抑え、光熱費の基本料金も数人で割って負担します。本は図書館やブックオフで手に入れ、服も靴もほとんど買わないし、都内の移動には自転車を使って交通費もかけません。その自転車さえ、誰かが捨てようとしたものを譲ってもらいます（ネット上には、不用品を無料で他人に譲るためのサイトが複数、存在しており、家電、家具、パソコンなど、さまざまなものが手に入ります）。旅行では夜間長距離バスやLCCのキャンペーン価格を利用して、夜はネットで知りあった友だちの家に泊まり、夏には市民プールで泳ぎます。高級レストランの食事には興味がなく、インターネットや町歩きを趣味として、近しい人と家で飲んでいれば、十分に楽しく幸せだというのです。

こういう生活でいいのなら、正社員である必要もフルタイムで働く必要もありません。数年働いて数年遊んでいるといった生活さえ可能になり、しかもシェアハウスに暮らしているので、孤独でも寂しい毎日でもないのです。

お金がなくても生きていける日本

おおざっぱに言って、一生に必要な費用は次の4つです。

1）基礎生活費
2）住宅購入費
3）育児、教育費
4）老後費用

それぞれどの程度の額が必要かは人によって異なるのですが、生涯年収が数億円（＝一生の間に使う額の合計が数億円）とすれば、1〜4のそれぞれに数千万円ずつ使うのが一般的な人のお金の使い方です。しかし、ミニマムに暮らしたいと考える人たちには、このうち2と3が最初から不要です。それはつまり、人生において1から4までのすべてが必要な人の、半分ほど稼げば（＝約半分の年数だけ働けば）生きていけるということです。

住宅については、不動産を買わなくても家賃が必要だろうと思われるかもしれません。

しかし不動産を買わなければ、ローンの利子分だけでも相当の節約ができます（３０００万円を35年ローン、利率１％、元利均等で借りた場合の利子総額は５５６万円、利率２％だと１１７３万円）。また大半の人は、賃貸では２ＤＫに住んでいたのに、買う時には３ＬＤＫの分譲マンションを選ぶなど、家を購入する場合のみ、住環境を一気にアップグレードします。不動産を買わずにずっと賃貸の２ＤＫに住み続ければ、それだけでも１０００万円単位のお金が浮くのです。

１の基礎生活費が安い人は、４の老後費用も低い水準のままです。さらに大きいのが税や社会保障費、医療費の負担の違いで、アルバイトで月に８万円（年96万円）程度を稼ぐだけなら、所得税も住民税もかかりません。国民年金と健康保険が必要ですが、それらも減免が認められる場合があります。

万が一の場合も高額療養費制度があるため、病気に備えて多額のお金を貯めておく必要はありません。表14にあるように、所得が最低ランクの範囲内であれば、医療費の最大負担額は月に３万５４００円です。

これなら大病で３カ月入院しても10万円ほどなので、突発的な事態に備えて１００万円ほどの貯蓄をつくり、あとは毎月、最低限度の額を稼ぐというミニマムな生活でも、他人に迷惑をかけることはありません（医療費の上限額は、病気になりやすい70歳以上では、さらに下がります）。

表14・医療費の自己負担額（3割）が100万円の場合の実質的な負担額

所得区分	1カ月に100万円の自己負担が生じた場合	3カ月間続けて、毎月100万円の自己負担が生じた場合
上位所得者（月収53万円以上）	155,000円	465,000円
一般	87,430円	262,290円
低所得者（住民税非課税の方）	35,400円	106,200円

注）上記は70歳未満の場合。70歳以上の人の場合、現役並み所得者は1カ月上限87,430円、一般44,400円、低所得者（住民税非課税）だと15,000円か24,600円。

1カ月に8万円のアルバイト料で暮らすなんてありえないと思われるかもしれませんが、シェアハウスに住み、ネットで仲間とつながる彼らは、貨幣経済を介在させずに、様々な便益を交換しています。たとえば旅行中の猫を預かるかわりに、マンガやゲームをもらったり、パソコンの設定を手伝うかわりに、夕食をおごってもらったりといった具合です。地方の農家の方が、余った野菜や米を近所でやりとりすることで、食費がほとんどかからなくなるようなケースがありますが、それとまったく同じです。たくさん稼いでたくさん使うと、稼ぐ方にも使う方にも税金がかかりますが、仲間で助けあっている分には、税制は介入してこないのです。

しかも日本は社会インフラがすばらしく整った国です。失業すれば失業保険が、病気になれば健康保険が、本当に困れば生活保護があり、米国とは異なり、病院が医療保険をもたない患者を、門前払いすることもありません。

最近は駅のトイレもきれいだし、家にクーラーがなくても、大型商業施設の中には、1円も使わずに涼しく過ごせる場所がたくさんあります。図書館では無料で本が借りられるし、公共のプールから公園まで整備がゆき届いています。

「若いうちはいいけれど、そんなことをしていたら老後に困る」と言う人もいますが、今や何十年もの間、満員電車に乗って通勤し続けても、老後が安心と言い切れる時代ではありません。今の若者が老後を迎える40年後の社会がどのようなものなのか、言い当てられる人など存在しておらず、報われる保証もないのにとにかく黙って我慢しろというアドバイスは、必ずしも説得力をもたないのです。

不動産も子どもも要らない

私は、日本人の半分がミニマムな生活を選ぶだろうと言っているわけではありません。ただ、100人に数人が「不動産も子どももいらない。その代わり、あまり長い期間、働きたくない」と言い出す社会を、不健全だとは思わないのです。そういう人が一定数、現れることはごく自然だし、それを望む人がそう生きられる社会は、豊かな社会だとさえ感じます。

戦中に日本政府は、「産めよ増やせよ」と多くの子どもをもつことを国民に勧めました。その目的は、生まれた子どもを兵隊にするためでした。「少子化が続けば年金制度が破綻する」という意見も、それと全く同じです。私たちは兵隊にするために子どもを産むのでも、年金制度を支えるために働くのでもありません。

子どもがもちたいのに、経済的な理由でそれができない人がいるのは、確かに問題です。しかし、「全員が結婚し、全員が子どもをもつ社会があるべき社会なのか？」と問われれば、それも疑問です。そうは思わない人が、一定数存在してもいいでしょう。今や一部の国では同性カップルの結婚も可能で、全員が異性と結婚することさえ前提とされていないのです。

不動産の購入に関してはなおさらです。これまでの日本には、「家を持って一人前」といった不動産幻想がありましたが、今や（建物はもちろん）土地も値下がりする時代です。さらにこれからは、海外で長く働く人も増えます。日本に不動産を買っても、ずっと住み続けられるかどうか、誰にもわかりません。

加えてこんなに災害の多い国では、突然の災害により、他地域に転居せざるを得ない事態も考えられます。地震周期から考えて、東京だっていつ大地震に襲われても不思議ではありません。何千万円もの借金を背負って東京に不動産を所有することを、本当に全員が目指すべきなのか、個人的にはとても疑問です。

今までは、一生懸命働き、よりたくさん稼いで、より豊かな生活を目指すことが一種の〝常識〟でした。しかしこれからは、必要生活費をできるだけ抑え、働く期間を最短化するという逆転の発想で人生を設計することも、ひとつの選択肢となります。

方法論としては、若い頃にまとめて働いたうえで早期引退を目指す、最初から生活費をミニマムにし、短期のアルバイトだけで食べていくことを目指す、もしくは生活費がより安い国に移住して、さらに少ないコストで食べていこうとするなど、様々なバリエーションがありえます。それらをすべて合わせ、働く時間をできる限り少なくしようという人も、これからは確実に増えていくでしょう。

■「働くこと」の意味が変わる

何年か前からは、社会起業家と称し、利益を株主に分配しない形態の企業を興す人も、増えています。特に2011年の東日本大震災以来、NPOで働き、社会貢献活動を本業として生きていこうとする若者が目立ちます。

表15・人生における仕事の位置づけ

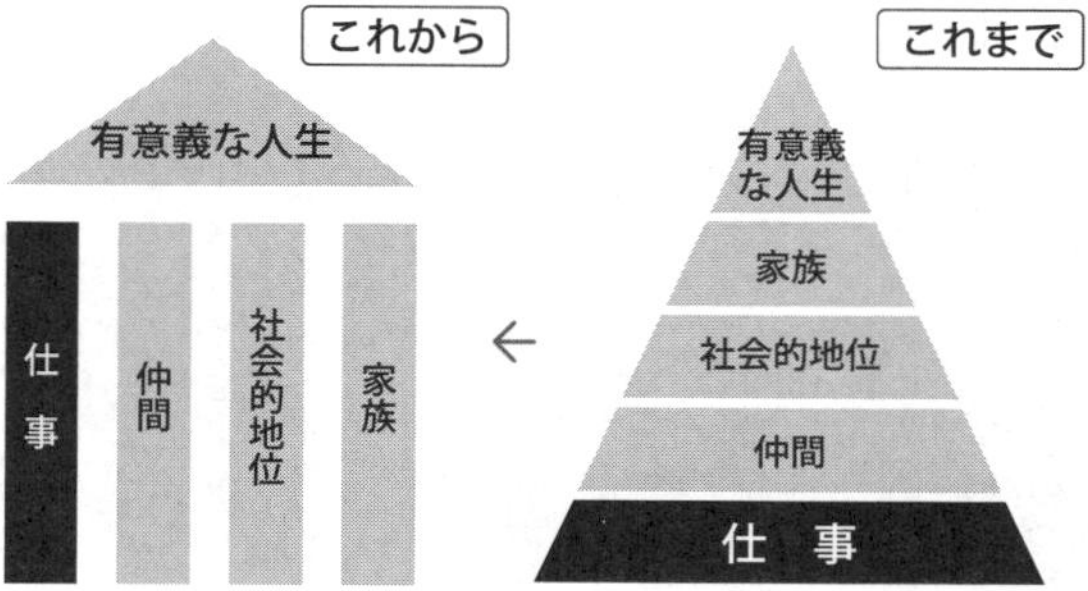

２０１２年から本格的に引退年齢（65歳）を迎えている団塊世代や、高度成長を経験した世代は、企業で働くことによって大きく報われてきました。一生懸命働いていれば、仕事の範囲も広がり、報酬やステイタスも高くなる時代が続いたからです。

さらにこの世代はお金だけではなく、家族の形成と安寧、社会的評価、自己承認や仲間など、人生のあらゆるものを働くことから得てきています。そういった人たちにとって仕事を失うことは、すべてを失うことを意味します（表15）。

中には、仕事なしにどうやって自己承認を得ればいいのか、仕事もないのにどうやって成長する機会が得られるのか、理解できない人もいます。さらに言えば、「仕事もないのに、どうやってネットワークが広がるのか？」（＝職場以外で、どうやって新しい知り合いを作ればいいのか?)さえ想像できません。だから大企業の中には、50代になった社員に、定年後のライフプランニングを考えさせるためのセミナーを受けさせるところまであるのです。

これにたいして、2020年には、就職氷河期世代(1970年生まれ、1993年に大学を卒業・就職する世代)が50歳を迎え始めます。彼らは厳しい就職活動を強いられた上、働き始めた後も日本経済が長く不調を続けたため、一生懸命働いても必ずしも豊かになれるわけではないと感じています。

そんな時代に働いてきた彼らが、自分の人生を日本経済の行く末と切り離したいと考えるのは当然です。どんなに頑張っても売上が上がらない仕事や、リストラやコスト削減ばかりが行われている職場で、仕事から人生の意義を感じ取るのは、容易ではありません。それならばむしろ、「働くこと」と「生きる意味」を切り離し、仕事からは生活費とスキルだけを得て、仲間や社会からの承認、そして生き甲斐に関しては、ボランティアや趣味のコミュニティから得ようと考えるのも、きわめて合理的な判断です。

表15の左側にある神殿型の図のように、これからの仕事、そして「働くこと」とは、「人生におけるすべての欲求を満たしてくれる土台となるもの」ではなく、「人生にとって重要なもののひとつ」に変わっていきます。「仕事=人生の土台」などという世界観を、全員が共有できる時代は既に終わってしまったのです。

第四章

ふたつの人生を生きる

■40代で働き方を選びなおす

世の中の変化は日々感じるし、若い人が新しい働き方を始めているのもわかる。たしかに自分もこのままでは、先行き明るくなさそうだ……。とはいっても具体的に何をすればよいのか、それがよくわからないと言う人も多いでしょう。

そんな人の頭に浮かぶ選択肢は、

・自分でリスクをとり、多大なエネルギーをかけて、勝ち組を目指して戦う道
・思い切って世の中の〝あるべき論〟からきっぱりと降りる道

そして、

・何も変えないという静観の道

の3つです。

でもみんなわかっているように、戦う道は大変です。英語を勉強して世界で通用する

人材を目指そうと言われても、入り口から厳しい選抜があるし、たとえ巧く潜り込んでも、常に成果を問われます。私も長らくそういう環境で働いてきましたが、プレッシャーも大きいし、働く時間も長く、誰にでも向く環境だとはとても思えません。

ふたつめの「世の中の〝あるべき論〟から降りる道」は、恵まれた環境の大企業を辞めてしまったり、ミニマムな生活を選んだりという、いわゆる上昇志向から降りてしまう道です。これも（選んだあとはとてもラクなのですが）、選ぶこと自体のハードルはけっして低くありません。特に今まで、周りの人と違う道を一度も選んだことがないという人には、戦う道より勇気のいる選択肢です。だからこそ大半の人が、とりあえず今の場所で頑張るという、静観の道を選ぶのです。

私にもその気持ちはよくわかります。でも、その道の先に明るい未来が約束されているわけではありません。特にこれから40代を迎える世代にとって、このまま歩き続けるのは、あまりにリスキーです。現時点で60歳以上なら、なんとか逃げ切ることができるでしょう。けれど40代以下の人たちの人生は、逃げ切るには長すぎます。

特に、日本経済がまだ上り調子の時に就職し、今まではそれなりに恵まれた生活を送ってきた世代の行く先には、大きな暗雲が垂れ込めています。昨今、業績悪化が報じられる電機メーカーで働く40代の人たちは、就活時には当時最も人気が高かった電気・電子工学を一流大学で学んだ優秀な学生でした。文系学生にとっても、今や構造不況に喘ぐ新聞、テレビ、広告などの既存メディア業界や、相次ぐ再編・合併により役員ポジションも支店長ポジションも大幅に減ってしまった都市銀行に就職するのが、一番の勝ち組だったのです。

その人たちが、本来最も力が発揮できるはずのタイミングで、リストラやボーナスカットという苦境に直面しています。そこまで危機的ではなくても、慣れない業界への出向や転籍を余儀なくされたり、40代になっても部下をもてず、部門付部長などという意味のよくわからない肩書きをあてがわれている人がごろごろいます。

また、「今までの仕事は楽しかった。けれど定年が延長され、この仕事を今からまだ25年も続けるのだと考えると、ちょっと……」と感じている人もいるでしょう。今とは異なる働き方を模索する若者同様、10年、20年と働いてきた人もまた、なんらかの新しい解を見つけたいと思っているはずなのです。

職業人生は二回選ぶものと考える

そんな中、私が提案したいのは、最初から「職業人生は二回ある」という発想をすることです。「みんな、一生の間にふたつの異なる働き方を選べるものだと考えようよ！」という勧めです。

従来の働き方は、23歳で就職した後65歳まで42年間働き（もしくは70歳まで47年間働き）、定年後は寿命まで余生を楽しむというものでした。しかし今後は職業生活をふたつに分け、職業も二回選び、前半と後半で異なる働き方をするのだと考えるのです。

具体的には、働く期間を20代から40代後半までの前期職業人生と、40代後半以降の後期職業人生に分けます。今40代の人は「さて、いよいよこれから、新たに職業を選びなおす時期だ！」＝「二回目の就活タイミングがやってきた！」と考えればいいし、今20代の人は最初から、「今は二回あるうちの、最初の就活をしているのだ」と考えればよいのです。今30代なら、10年後にどんな働き方を選ぶのか、あれこれ夢想するのも楽しいでしょう。

この、「一生の間に、2パターンの職業人生をおくる」という考え方は、寿命が延びる中で正解の見えない時代を生きる人にとって、様々なメリットがある、とても有用な考え方です。

職業選びにかかわらず、入試だってゲームだって何かへの挑戦だって、一発勝負では無用に緊張しますよね。勝手もよくわからないし、自分がどれくらいそれを巧くやれるのかも、よくわかりません。失敗した時のリスクも大きすぎて、どうしても安全な道を選びたくなります。

でも、チャンスは二回ある、一回失敗しても、もう一回やってみられる、もしくは、最初にいろいろ試して、二度目はそこからの学びを活かしてよりよい選択をすればいいと考えれば、一発勝負とは異なる感覚で働き方を選べます。

今でも、結果的にふたつの職業を体験する人はたくさんいます。でも、ここで勧めているのはそうではなく、一生の間にふたつの異なる職業人生を選べるのだという意識を、最初からもつという方法です。そうすれば誰にとっても、働くスタイルや職業の選び方が今までとは大きく異なってくるはずなのです。

パッケージ旅行と自由旅行

海外旅行を例にとって考えてみましょう。たとえば初めてパリを訪れる場合、行きたい場所はほとんどみんな同じです。エッフェル塔や凱旋門、セーヌ川クルーズにルーブル美術館、モンマルトルにサクレクール寺院を見に行って、カフェでバゲットのサンドイッチを食べたいと思いますよね。性格や趣味や価値観が全然違う人たちでも、なぜか最初の旅行に関しては、全員がほぼ同じコースを望ましいと思うのです。

でも再びパリに行く機会があるとなれば、どうでしょう？　またみんな同じ場所に行きたがるでしょうか？　そんなことはありえません。今度は、できるだけ多くの美術館や博物館を回りたいと思う人、グルメを楽しむため、ミシュランガイドを元にレストラン巡りを計画する人、ノミの市を巡って骨董品を集める人や、パリを離れてワインの名産地を訪ねる人もいるでしょう。

　最初の旅行を経たことで、自分は何が好きで、反対に、何にはあまり関心がないか、それぞれの人が理解できています。ルーブル美術館なんて広くて疲れるだけだったというなら、二回目の訪問時には、たとえどんなに有名なところでも、巨大美術館を訪れる必要はありません。

　大半の人が同じ場所を訪れたいと考えるため、初めての旅行にはパッケージ旅行がお勧めです。自分で調べなくても、観るべきものを漏れなく観せてもらえ、道に迷ったり、言葉がわからなくて困ることもありません。その上、個別アレンジより経済的にもお得です。初めての旅行の時から個人で自由旅行をするなんて、よほど語学力や行動力に自信がある人でないと無理に思えます。

　でも二回目のパリであれば、そんなにすごい人でなくても、「ツアーじゃなくても平気かもしれない」と思いませんか？　移動の方法にはどんな選択肢があって、カフェの注文方法はどうで、街ではどんなことに気をつければいいのか、誰でも初回の旅行中に多くのことを学んでいます。行く前は、知らない街をひとりで歩くのはとても怖いと思っていたけど、やってみたらたいしたことはなかった、そんなにスゴイ語学力が必要なわけでもなかったと気がつくのです。

だから、昔と違って最近の海外旅行のツアーには、リピーター向けの自由時間が多いツアーや、ホテルと飛行機だけをパッケージした商品がたくさん出ています。二回目以降の訪問では、それぞれの人が自分の好きなことに集中でき、しかも、自分の回る場所が他の人と同じでなくても、それを不安にも思わなくなるのです。

不動産を買ったり、家をリフォームする場合も同じです。初めてマンションを買う時には、ものすごく時間をかけて検討するのに、最終的には誰もが同じような物件を買ってしまいます。都市部のマンションなら2LDKか3LDK、システムキッチンには食洗機がついていて、リビングはフローリングで床暖。もちろん新築が希望です。地方なら、一階にリビングや水回り、二階に寝室と子ども部屋のある一戸建てといったところでしょう。

でも、最初の家を売って、二軒目の家を買うとなったらどうでしょう？「中古でもいいから、自分の思い通りの間取りを実現したい！」と考える人は一気に増えますよね。部屋数なんて少なくていいし、床暖なんて要らない、だけど書斎だけは譲れない！などしゃいう家に住みたいという気持ちは、初めて不動産を買った時より、よほど具体的で明確になっているはずです。

さらに二回目の不動産購入時には、他人の目も気にならなくなります。自分と家族さえ心地よく住めれば、人気《にんき》のない街でも中古物件でもなんの問題もないし、付いていて当たり前の設備がなくても、自信をもって「あれは自分には不要」と言えるでしょう。

二回目だから選べるオリジナル人生

働き方だって、旅行や家と同じです。初めて選ぶ時には、必死に考え、眠れないほど悩んでも、結局みんな同じような仕事や会社を志望します。他人と違うものは選びにくいし、自分基準で選ぶだけの情報も持ち合わせていません。だから成り行きや周囲の環境に流されていつのまにか決まってしまい、結果として多くの人が似たような定番コースを歩き始めてしまいます。

勉強が得意だった子どもは何も考えずに一流大学に入り、一流企業に就職します（今の40代、50代だと、有名大学さえ出ていれば、明確な意思や努力なくして一流企業に入れてしまっています）。結婚して妊娠し、親や夫に「やっぱり子どもが小さいうちは……」と言われると、そんなもんかなと思って専業主婦になった人もいるでしょう。

最初の人生は、パッケージ旅行と同様、就活する、フルタイムで働き始める、結婚する、子どもをもつ、家を買う、といった定番ライフイベントがコンパクトに組み合わされた「だいたいこんな感じ」のパッケージライフなのです（表16）。

しかも現在のように、「職業人生は一回選んだら、ずっとそれを続けるのが普通」という認識では、途中でそれを変えるのは誰にとっても勇気のいることです。

でも、もしも最初から「働き方は40代半ばで再設計するものだ」と考えていたらどうでしょう？　その少し前から「そろそろ次の働き方を選びなおすタイミングだな。今度はどんな働き方にしよう」と考え、もっと自然に別の選択肢を選ぶことも、可能になるのではないでしょうか。

もちろんよく考えたうえで、次の数十年も今の仕事や働き方を続けたいと思うのなら、そうすればよいと思います。でも、次は異なる道を選んでみたいと思ったなら、そういう選択肢を現実的に考えてみればよいのです。

旅行の例でわかるように、二度目の選択時には自分のやりたいこと、やりたくないことが明確です。学生時代は、大半の人が社会のことも、働くことの実態もよくわかっていません。でも20年も働けば、今の仕事を本当にあと20年も続けたいのか、稼げるお金の額が、自分の人生にとってどれほどの意味をもつのか、みんなしっかり理解できています。

表16・最初の選択と二度目の選択

	最初の選択		二度目の選択
旅行：	パッケージ旅行	⇨	自由設計の個人旅行
家：	標準的な間取り	⇨	オーダーメイド
人生：	横並び人生	⇨	オリジナル人生

怖くてとることのできなかったリスクが、どの程度のものかも感覚的に理解でき、だからこそ、異なる道を選ぶ勇気も出てきます。世間の目も、以前ほど気にならないでしょう。わからないリスクをとるのは誰にとっても恐怖ですが、最悪でどれほどかわかっているリスクをとるのは、そんなに難しくないのです。

そしてなにより二回目の働き方について考えるのは、二度目の旅行プランを考えたり、最初に買った家をフルリフォームするのと同じくらい、楽しいことです。表16にもあるように、最初の働き方は社会から与えられた横並びのものですが、次は「自分で創るオリジナルの働き方」だからです。

初回の旅行で完全な自由旅行を選べるのは、語学力や行動力が卓越した人だけかもしれません。でも凡人でも二回目なら、なんとか自由旅行が楽しめます。職業人生も同じです。最初からいきなり周囲と違う道を選ぶことは難しいという人でも、二度目なら自信をもって、自分オリジナルな道を選べます。

「自分には特別な能力はないけれど、それでも一生の間にこんな生活ができたら楽しそうだ」と思える働き方は誰にでもあるでしょう。たとえ人生の後半だけであっても、それが実現できたら、とてもワクワクできますよね。

机上の検討でいいから、一度は考えてみよう！

後半人生の中心に据えたいことは、人によって異なります。音楽や絵、料理やワイン、登山やゴルフ、ランニングなどへの情熱が趣味のレベルを超えていたり、マニアと言えるレベルのコレクションを保有していて、いっぱしの目利きであったり、なにかについて玄人《くろうと》はだしという人もいます。

そこまでではないけれど、旅行で訪れた特定の地域に住んでみたいとか、週末だけやってきた農業に、今後は本格的に取り組みたいという人。仕事にかまけてずっと外食ばかりしていたけれど、これからは料理を覚えて自炊したいとか、全く運動には縁がなかったけれど、フルマラソンを目指したい、これまでは仕事に１００％の時間を使ってきたけれど、今後は家族との時間を中心に生活を再構築したい、という人も。

また、若い頃にミュージシャンになりたかった、ちょっとだけ俳優や芸人を目指していた、できるなら作家や画家やプロのカメラマンになりたかったけれど、最初は無難に食べていける仕事を選んだという人もいます。そういう人も、もし二度目の職業人生があるなら、次は夢の仕事で食べていけないか、試してみたらいいのです。

先立つもの（お金の問題）については次章で書きますが、大事なことは、生き方や働き方の選びなおしについて、頭ごなしに「お金がないと無理」と決めつけないことです。人生はホントに長くなりつつあります。自分はこれからまだ30年、40年も、今の仕事と働き方を続けていきたいのか、もう一度よく考えてみてください。そして、もしなにかしらやってみたい人生や働き方があるのなら、それを、なんとか実現できる方法はないか、真剣に考えてみるのです。

結果としてどんな道を選ぶにしろ、自分の人生設計に複数のシナリオを用意し、きちんと検討した上で一つを選ぶという方法は、たとえ机上の空想にすぎなくても、大きな価値があります。中にはもちろん「再考してみたけれど、今まで通りの仕事とワークスタイルがよい」という人もいるでしょう。結論は何でもいいのです。大事なことは、20年も働き、様々な条件が整った40代という時点で、20代の就活後初めて、主体的に働き方を選びなおすという視点をもつことなのです。

■ちきりんの選択＆働き方を選びなおした人たち

実は私も、40代後半に働き方を大きく変えました。大学を出た後、日本の証券会社と米系企業に勤務し、20数年にわたって、資本主義の最先端のような場所で働いていました。常に仕事の成果が厳しく問われ、いかに多くの利益を上げるか、いかに仕事の生産性を高めるべきかと、考え続ける日々でした。

労働時間も長く、海外出張も多かったため、飛行機に乗って欧米から戻ってくる間に、土日が潰れてしまうこともありました。海外のチームと一緒に働いている時は、早朝や深夜の電話会議にもたびたび参加しました。

仕事自体は楽しく、やりがいも感じていましたが、40代になる頃には、「この働き方を今後20年も続けるのは、必ずしも自分の望んでいる働き方じゃない」と考えるようになりました。

ひとつは、体力的な問題です。12時間もの飛行機移動を頻繁に繰り返す仕事は、年を取るにつれつらくなります。10日間の米国出張から戻って日本で3日だけ働き、また欧州に飛び立つ。こんな働き方を60歳まで続けたいとはとても思えませんでした。

もうひとつは、新しいものに対する純粋な好奇心と、長らく続けている仕事への飽きという表裏一体の感情です。おもしろい仕事ではあったけれど、20年もやれば私にはもう十分でした。まだこの後20年も働くなら、なにかしら別の、未体験の仕事をしたいと強く思ったのです。

街に、絶品のレアチーズケーキで有名なケーキ店があったとしましょう。初めてその店に来た客は、ほぼ全員がレアチーズケーキを注文します。けれど次は、顧客の注文は2パターンに分かれます。いつ来てもレアチーズケーキを注文する客と、「これだけレアチーズケーキが旨いのだから、他のケーキもおいしいに違いない。モンブランはどうだろう？　シフォンケーキも絶品かも」と考える客です。

どちらの客もレアチーズケーキのおいしさを高く評価しています。後者が他のケーキを試すのは、レアチーズケーキに不満があるからでも嫌いだからでもありません。

ケーキであれ仕事であれ、私は明らかに後者のタイプでした。いくらおもしろい仕事でも40年は長すぎです。20年×2種類か、10年×4種類か、一生の間に、いろんな仕事、いろんな働き方を体験するほうが、よほど楽しそうに思えたのです。

それ以外にも、どんどん年を取っていく親とも、今の間に時間を共有しておきたかったし、趣味にも時間を使いたいと思いました。旅行好きな私には、まだ訪れたい場所もたくさんあったし、料理や洋裁やＤＩＹなど、なんでも自分で作ることが大好きだったのに、勤めている間、そのための時間を確保するのは容易ではありませんでした。アジアの国に数カ月単位で住んでみたり、ビーチでゆっくり執筆や読書にふける生活を夢見、時間を気にせず、朝まで韓流ドラマを見る生活にも憧れました。でも、今までの働き方を続けていたら、それらを経験することは不可能です。

こうして次第に私は、40代の間にひとつめの働き方を終え、その後は別の仕事、別の働き方に移行したいと真剣に考え始めました。

経済的な扶養義務のある家族がいない私にとって、そうするにあたって必要なものは決断だけでした。料理好きな私に必要な生活費は多くなく、お金がかかる趣味もありません（お金があれば豪華旅行を楽しみますが、なければないで貧乏旅行も楽しいです）。豪華マンションではありませんが、住宅ローンが終わった持ち家もあり、仕事を離れたら人生の意義が感じられないほどの、仕事依存にも陥っていませんでした。あれこれ具体的に考えれば考えるほど、「今までとは異なる働き方に移行する」というアイデアがすばらしく思え始め、結果として本当に40代後半で会社を退職することになったのです。

私の場合、在職中から〝ちきりん〟として書いていたブログが人気になっており、会社を退職してから3年弱の間に4冊の本を出すことになりました。その他、対談や企業訪問、インタビューや講演も行っています。このため私が退職したことを、〝ちきりん〟活動とリンクさせて考える方も多いようです。

退職前から本の出版が決まっていたのかとか、ブロガーとして食べていけると思ったから退職したのかという質問をよく受けます。でも、そうではありません。

本を出すことが決まったのは、会社に退職の意思を伝えた後だったし、退職時まではブログのマネタイズもほとんど手がけておらず、副収入もありませんでした。退職後に出した本は幸運にもよく売れたため、結果としてはそれなりの収入となりましたが、一般的には書籍の印税で食べていくことは極めて難しいのが現状です。私自身も、退職前から文筆業として食べていけると考えていたわけではなく、最低限の生活費ならコンビニやスーパーのパートでも稼げるだろうというくらいの気持ちで、後半人生をスタートさせたのです。

学びを貢献に変える後半人生

自分が働き方をリセットした後、40代半ばに働き方をリセットする人は他にもいるし、いろんなパターンがあると気がつきました。

たとえば、鎌倉投信という独立系の直販投信会社を創業した鎌田恭幸社長は、バブルの真っ直中（１９８８年）に三井信託銀行に入行。11年後、バークレイズ銀行グループに転職し、最終的には経営ポジションに就いた後、リーマンショック直前の２００８年1月に退職し、11月に40代前半で鎌倉投信を創業しました。

この会社は、「これからの社会にほんとうに必要とされる会社、出資者がファンとなって応援したくなるような会社に投資する」というのがポリシーで、出資者が投資先企業を訪問する機会を提供するなど、ユニークな活動で知られています。

鎌田社長は起業の経緯について、「前の会社を辞めた時、国際貢献のＮＰＯを立ち上げることも考えました。でも、金融をずっとやってきたんだから、やっぱり金融で世の中を変えたいと思ったのです」と語っています。これを聞いて思い出したのが、いつも私を応援してくださっているライフネット生命の出口治明会長のことです。実は出口会長も日本生命で長く働いてこられた後、「本来あるべき生命保険の姿」を実現するためにネット生保を起業しています。

他にも、大手のＩＴ企業で働いてきた人がウェブサービスの会社を作ったり、出版社で働いていた人が、個人でデジタル出版を手がける会社を立ち上げたり、また、長くメディア業界で働いた後、あるべきメディアの姿を実現するために起業したという人もいます。彼らの共通点は、自分が長く働いた業界で（＝自分を育ててくれた業界で）、自ら考える「あるべき姿」を実現するために、起業しているということです。

新入社員だった当時は会社が何をやりたいのかよくわからなかったんです。社長からの年始の訓示が、毎年変わるため軸がぶれているように感じていました。信託は社会的意義のある業種で、お客様の財産をきちんと預かり、健全な形で増やしていくのですが、それとは実情はかけ離れており、資産のあるべき姿が自分の考えと異なっているのに気がついていました。（社会起業大学・鎌田社長インタビューより　http://socialvalue.jp/interview/detail000316.html）

これを読むと、鎌田社長が後半の職業人生でチャレンジしようとしているのは、自分が新入社員の頃に感じた違和感であり、社会の現実や企業の経営姿勢にたいする本質的な疑問だったのだとわかります。

学生から社会人になったとき、初めて見た職場や業界の現実に、「これはどうなんだ?」と感じた人はどこの業界にもいるでしょう。でも社会にでたばかりの新人には、できることも多くはありません。けれど誰でも20年も働けば、自分なりにそれを解決する方法が見つかります。そして、後半人生において自分の会社を興し、その問題の解決に自らトライする。これが、鎌田社長や出口会長が選んだ二番目の働き方なのです。

専業主婦にとっての後半人生

それとは違ったパターンとして、10年以上も専業主婦だったのに、子育てから手が離れた40代半ば以降に新たなキャリアを形成した女性も、よくメディアに取り上げられています。

高齢化問題が専門の伊東まり子同朋大教授は、経済的な理由で大学進学を断念。10年以上の専業主婦時代を経て、37歳で一念発起。そこから大学院進学、博士号を取って、50代で大学教授になっています。

三浦由紀江さんは3人の子どもを育て上げた23年の専業主婦生活の後、44歳の時に上野駅の駅弁売り場でパートとして働き始めます。すると、たちまち驚異的な売上を記録し、上野駅の売店店長に昇格。52歳で正社員、53歳で大宮営業所長に抜擢されるという大活躍です。

専業主婦の傍《かたわ》ら趣味で洋裁を楽しんでいた渡辺友子さんは、背中の曲がった姑のために作った（背中が曲がった人でも腰が出ない）特殊な洋服を考案し、特許を取得。50代になってから、娘とともにマダムトモコというブランドを立ち上げ、月商数百万円もの注文が殺到する人気ビジネスに育てています。

そこまで大きなビジネスではなくても、毎日、夫や子どものために作ってきた料理のレシピをクックパッドに投稿しつづけ、それが大人気となって料理本を出したり、料理の作り方を丁寧に録画して動画サイトに投稿し、世界中から閲覧者を集めて会社員以上の年収を得る人もいます。

女性の生涯教育に注力している日本女子大学の現代女性キャリア研究所では、「女性のセカンドチャンスキャリア」の実例がデータベースとしてまとまっています（http://search.riwac.jp/secondchance/）。ここでは、人生の途中でギアチェンジをした女性の実例が、年代別、パターン別（転職キャリアアップ、異なる業種での再チャレンジ、自営・NPO、ボランティアなど）に分類され、検索して読めるようになっています。

それらを読んでいると、パソコンにもビジネスにもまったく縁のない生活を送ってきた中高年女性が、四苦八苦しながら、社会の中で「稼ぐ力」を獲得していく物語が詳細に描かれており、「40代で二回目の人生を自分で設計するなんて、特別な才能のある人でないと不可能」なわけでは決してないとわかります。

というより、知名度も後ろ盾もないゼロ地点からスタートした彼女らの頑張りを見れば、20年も企業社会で働きながら、「組織を離れて食べていくなんて自分にはとても無理」とか、「そんなことができるのは特殊な才能に恵まれた人だけ」などとうそぶくことが、どれほど恥ずかしいことかわかろうというものです。

■就活は40代の方が巧くいく

40代にもなれば、誰でもその後のキャリアパスがある程度、見通せるようになります。このまま今の会社にいれば、今後はどんな仕事をやっていくことになりそうか、それは自分が好きな仕事か、楽しいと思える仕事か、どこまで出世できそうか、など、かなりの確度で予測できます。20代の時に、10年後、20年後に自分がどんなふうに働いているか、全くイメージできていなかったのとは大きな違いです。

加えて40代になれば、その後の給与明細もほぼ予想できるし、支出に関しても、子どもの数が確定し、家も購入済み（もしくは買わないことを決定済み）でローン残額もわかっており、親がどの程度まで自分のお金で食べていけるか（自分がどの程度支援する必要があるか）も見えています。

また、若い頃と比べて身体能力がどれほど衰えるものかも、危機感を伴って実感できるタイミングです。20代で最初の働き方を選んだ時、私たちは、人生は無限に続くという（架空ではあるけれど、当時は信じることのできた）前提に立っていました。自分のやりたいことが10個あるというとき、人生が無限ならどれから始めてもいいでしょうが、人生が有限だと気がつけば、残りの人生で選べるのは10個のうちせいぜい数個だと理解できます。

楽天の三木谷浩史社長は、出身地である神戸の大震災を機に日本興業銀行（当時）を退職して起業に踏み切ったそうです。大災害に遭遇したことで（彼の場合は30代で）人生の有限感を感じ、キャリアチェンジに踏み切る勇気が得られたのでしょう。

しかし40代というのは、そういった特別な体験がなくとも、誰でも否応なく人生の有限感と向き合わねばならなくなる最初のタイミングです。だからこそ、ここで働き方をリセットし、人生の優先順位を改めて確認することに、大きな意義があるのです。

さらに40代での仕事選びは、学生の時の就活より、圧倒的に巧く進められるはずです。もちろん新卒の時のような、大企業の正社員や公務員の一括採用制度はありません。しかし20年間働いてきた自分は、学生の時の自分とは較べようもないくらい成長しているはずです。

自分が学生だった時のことを思い出してみてください。社会のことも仕事のことも、何もわかっていなかったはずです。通っていた大学や学部で、その当時、人気のあった業界に就職しただけという人も多いでしょう。

加えて若い頃は、自分が何を望んでいるのかさえ、よくわかっていません。学生時代に「一生バリバリ働きたい！」と言っていても、働き始めて考えが変わる人もいます。反対に、最初は働くのはダルイなどと言っていたのに、途中から一心に仕事に励む人も出てきます。ある程度、働いてみないと、自分がどんな働き方が好きなのか、案外わからないものなのです。

40代で新しい働き方を探すとなれば、大半の人は就活時とは全く異なるアプローチをとることも可能になっているはずです。20代の就活は、組織に選んでもらうゲームでした。みんな、世の中で通用するスキルも知識もなく、社会にはどんな仕事があるのかさえよく知らないまま就職活動を始めます。

だから、どこかの組織に雇ってもらわねばならない、できれば大きな企業に雇ってもらいたいと考えるのです。学生が大企業を目指すのは、大企業の方が安定していて雇用条件がよいという理由もあるでしょうが、中小企業で求められる、実践的な仕事のスキルをもつ学生などほとんどいないからとも言えます。

また、学生に「中小企業にも目を向けろ」などと言っても、社会のことを何も知らない彼らから見れば、中小企業は大企業より、すべての面において劣っているように見えてしまいます。

しかし20年働いた人なら、大企業特有の様々な問題も理解できています。個人が一定の権限をもって仕事に取り組める中小企業で働くことの意義を理解できるのも、20代の若者ではなく、40代のベテラン社会人のほうなのです。

多くの人が、日本では新卒の就活時以外には職に就くチャンスがないかのように言いますが、表17にもまとめたように、私は、20年くらい働いた後の40代こそ、自分に合う仕事を探せるベストタイミングだと思っているのです。

本気のワークライフバランスを実現

しかも人生の中盤で働くスタイルを変更することができれば、私たちは〝本気の〟ワークライフバランスを実現することができます。

〝本気の〟と書いたのは、水曜日がノー残業デイだとか、男性も何日かの育児休暇が取れますなどという話と区別するためです。残業なんて週に1日くらいなくてあたりまえだし、法律や就業規則で定められた育児休暇は、取れて当然です。

ワークライフバランスとは、

・人生のどの期間に、
・仕事と家庭と個人の趣味のどれに、
・どの程度ずつ時間を割り当てるのか

ということを、本人が決められることであり、自分自身でワークとライフのバランスを、一定の自由度をもって設計できることを言うのです。

前述したようにこれからは、前半人生は専業主婦、後半にはバリバリ働くという人も増えるでしょう。子育ては案外短い期間で終わります。人生は80年だし、働く期間も42年を超える可能性があるけれど、子どもは18歳になれば（少なくとも時間的な）手間はかからなくなります。子育て以外の人生は相当に長いのです。

また最近は不妊治療を受ける人が増えていますが、女性が先にキャリアを積み、そのあとで出産するという順番では、どうしても高齢出産が多くなります。バリバリ仕事をしたい女性でも、先に出産と育児を中心とした生活を送り、40代から本格的なキャリアを積めるようになれば、不妊治療にかかる多大な時間とお金、そして精神的な負担に悩まされる人も減らせるでしょう。

現状では、そんなことをしたら、やりがいのある仕事につけないと心配になるかもし

表17・第二の就活@40代の有利な点

- 現在の延長線上にある生活が、ほぼ予測できる
- 今後の生活に必要なお金の額が、ほぼ把握できる
- 自分のやりたいことや適性がリアルに理解できる
- 社会の仕組みが理解できている
- 大企業、中小企業のメリット、デメリットが客観的に理解できている
- 自分の能力や知識がどこで活かせるか想像し、自分でアプローチする方法も考えられる

れません。しかし私は、子育てという大事業を経験した40代の女性を雇う企業がないなどというおかしな状況が、いつまでも続くとは思っていません。人生が100年で70歳まで働くのなら、40代からキャリアを積み始めてもまったく遅くはないはずなのです。

もちろん男性にだって、先に育児や家事を主に担当し、途中からフルに働き始めるという選択がありえます。今までの日本の男性にとっては、仕事は当然に、子育てや介護よりも優先順位が高いとされていました。

しかし今は、限られた期間しか経験できない育児の方が、いつでも経験できる仕事より重要と考える人も出てきています。子どもが3歳になるまでの期間は3年間しかないけれど、仕事は23歳から65歳まで42年も続けるのだから、ど

ちらが大事かなんて考えるまでもないということです。

反対に、40代半ばまでバリバリ働いてきた人が、後半人生において、家族との時間を優先した働き方に変えるのもよいでしょう。まだ数は少ないけれど、介護のために、長年勤めた会社を早期退職する男性も出てきています。

介護が始まる時期は、自分のキャリアが佳境にさしかかるタイミングです。責任の重い重要な地位に就いている場合もあるでしょうが、既に出世コースから離れ、定年まで大過なくすごせればよい、というステージに入っている人もいます。家族のケアが必要になった時に、最初から「仕事が優先！」と決めつけてしまうのではなく、自分の人生の時間を何に使いたいのか、じっくりと考え、選択することもできるでしょう。

それ以外でも、配偶者の大病をきっかけに転職を決断する人や、家族ではなく故郷の街にコミットする生き方をしたいという人も、（２０１１年の大震災の後には特に）目立つようになりました。

でも本来は、病気や震災がなくても、人生の半分を東京、残りの半分を故郷で働くとか、最初は一般企業、後半は非営利の団体で働く、もしくは、前半は仕事、後半は家族中心の生活など、自分の意思でそのバランスを決めていけるのが、あるべき姿です。このように人生の途中で働き方をリセットし、自由に新たな人生設計ができれば、それが本当のワークライフバランスの実現につながるのです。

「ゆるやかな引退」という選択

人生の中盤で働き方をリセットするもうひとつの大きなメリットは、ゆるやかな引退が可能になることです。これまでの定年制度は、40年以上も猛烈会社員を続けてきた人が、定年でいきなり働かなくなる、崖から飛び降りるような引退でした。今の若い人であれば、おそらく定年は70歳（か75歳!?）となり、23歳から70歳まで50年近く働いた後、全く異なる生活に入るというパターンになります。

しかしこういった、ぶった切り型の引退は、本当に皆の望むベストな引退方法でしょうか？　定年後の人生設計というと、ずっと都会で働いてきた会社員が、定年後にいきなり田舎で自給自足生活を目指したり、もしくは海外のシニアタウンに移住したり、さらには、商売を全くやったことのない人が蕎麦屋や喫茶店を開くという話まで聞きますが、本当にみんな（お金さえあれば）そんな引退の仕方を望んでいるのでしょうか？

私にはこれらの方法はどれも、あまりに肩に力の入った、突然すぎる引退方法に思えます。そうではなく、まだ働き盛りの40代の間に自分スタイルの働き方に移行し、定年

表18・20歳〜64歳までの人口総数の推移

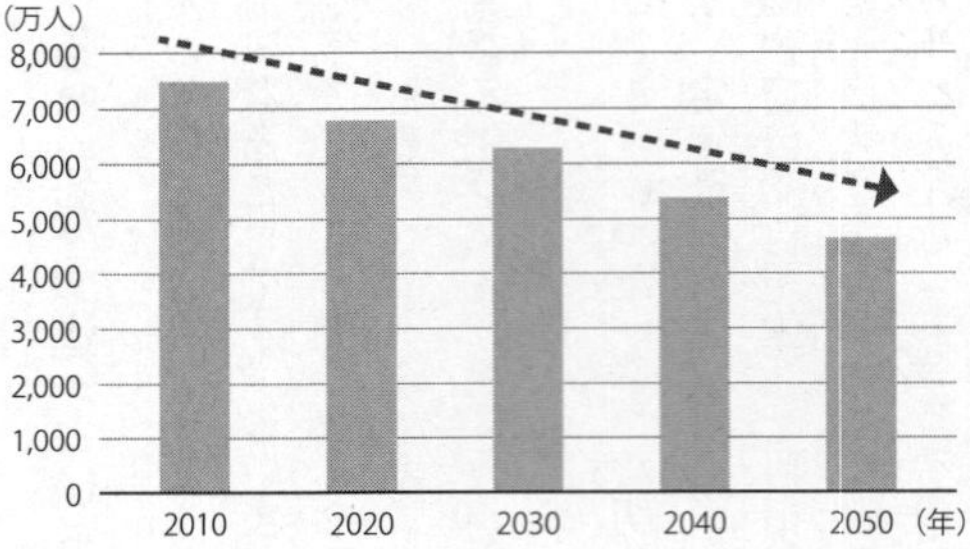

(出典) 2010年:「国勢調査」、2020年以降の予測値:国立社会保障・人口問題研究所
平成24年1月推計「日本の将来推計人口」(出生中位 死亡中位)

などという区切りを設けず、状況にあわせて調整しながら、無理なくゆっくり、そして長く働き続けるほうが、自然ではないでしょうか？

経済的な意味でも、このほうが後半人生への移行はグッと身近になります。40代で二回目の働き方を始めたら、引退という概念も不要です。少しゆっくりしてみて、退屈だと感じたならまた働き始めればいいし、時々働き、時々働かないというのもアリです。

今の時代、必要なのは雇ってくれる組織や与えられる仕事ではなく、働く力であり、稼ぐ力です。それさえ維持していれば、働く生活と働かない生活の境界線だってゆるく越えやすいものにできます。

表18を見てください。労働力の中心である20歳から64歳までの人口は、次の35年で3割

以上減るのです。大規模に移民を入れない限り、長期的には労働力が足りなくなることは確実です。仕事の選り好みをせず、収入もそこそこでよいとなれば、何も仕事がないなんてちょっと考えられません。

いろいろなプチ引退

さらに私が選択したプチ引退にもいくつかのパターンがありえます。たとえばある年齢からは、

パターン1　半年だけ働く「シーズン引退」
パターン2　週に2、3日だけ働く「ハーフ引退」
パターン3　好きな仕事だけを引きうける「わがまま引退」
パターン4　（共働きの場合）ひとり1年ずつ引退する「交代引退」

などが考えられます。

「シーズン引退」は、1月から6月までのみ働き、残りは働かないという形の半引退方法です。自分の趣味を楽しむのに適さないシーズンを選んで集中的に働き、その間は節約生活をおくりながら、半年で年間の最低生活費を稼いでしまうのです。

世の中には年末年始や期末だけ、夏場だけなど、季節限定で人を募集している職場が結構あります。そういった仕事は、必ずしも自分のやりたい仕事ではないかもしれません。しかし、半年間、集中して行う仕事がそんなにおもしろいものでなくても、残りの半年が完全な自由時間になるのであれば、全体としてはそこそこ楽しい生活になるのではないでしょうか？

パターン2の、週に2、3日だけ働くのは、大事なペットがいる、植物を育てている、家族の事情があるなどで、長い期間、家を離れられない人向きのプチ引退方法です。平日5日のうち2日働けば4割ワーク、3日働けば6割ワークと、自分で働く時間を調整します。週休3日、週休4日は会社員の夢ですが、人生後半にそういう働き方が実現できないか、まじめに検討してみてもよいでしょう。

フルタイムで働いていると、週末なんて家事だけで終わってしまいますが、週休4日なら、簡単にプチ旅行に出かけられます。平日ならすいているので予約も要りません。ちょっと経済的に苦しくなれば、翌年からは週休3日に戻せばよいのです。

パターン3は、好きなことだけをやる、という働き方です。引退前は、おもしろい仕事もおもしろくない仕事も、きちんと取り組むのがまっとうな社会人です。でも、わがまま引退の後は、好きな仕事だけを引き受けるといった働き方もありえます。おもしろい仕事、手間のかからない仕事、得意な案件、通勤に時間がかからない仕事や気の合う人との仕事だけを受ける、という働き方です。

最後に（パターン4）、共働きであれば夫と妻が相互に一定期間ずつ長期休暇をとることも可能です。欧米では、そうやって育児を分担したり、順番に留学する夫婦も少なくありません。シニアになってもそういう柔軟さが手に入るのは、家計を共にするパートナーをもつ人の特権です。

このように私が勧めているのは、「人生の途中で働き方を変えて、少なくともふたつの異なる働き方を楽しもう」というコンセプトです（もちろん二回以上の切り替えをしてもいいと思います）。

最初はみんなと同じ安全な道を選ぶ人でも、二回目ならちょっと冒険してみてもよいかなと、思える人もいるでしょう。20代の時は安定した大企業に入る道を選んだけれど、次は活気あるベンチャーで働いてみたい、首になるかもしれないけれど外資系企業も体験してみたい。そう思うなら30代はそれにむけた準備をし、40代でそういった人生をリアルに始めてみればよいのです。

就職活動の際、自分のやりたいことが見つからずに悩む若者が多いようですが、「職業人生は二回ある」という前提に立ち、最初はとりあえず目の前にある仕事をしてみて、その間に、自分が本当にやりたいことを見極め、後半人生は好きなコトを中心にキャリアを再設計できるのだと考えれば、就活もすこしは気楽になるはずです。

大事なことは、どんどん延びる定年まで無思考に今の働き方を続けるのではなく、まだこれからという40代のタイミングで、自分の意思をもって次の働き方を設計することです。後半の職業人生は、余生でも引退後の生活でもありません。それは、20年働いた人たちだけが手にできる、ご褒美としての「自分のためのオリジナル人生」なのです。

表 19・人生を二回生きる働き方のパターン

縦軸は生活時間（24 時間から睡眠時間を除いたもの）。
①は一回目の職業人生　②は二回目の職業人生を表す。

従来型

23 歳から定年までずっと同じペースで働き続け、定年でいきなり無職に!

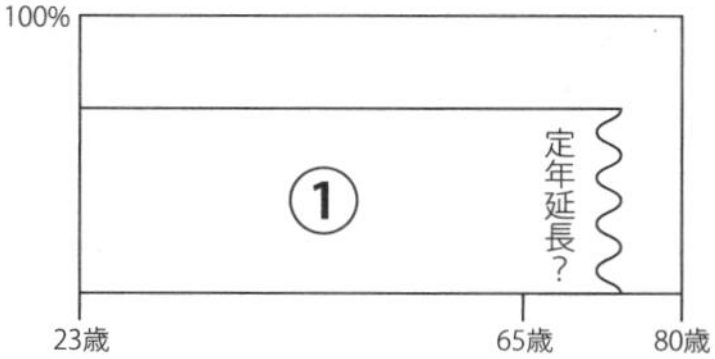

休憩型

40 代でいったん仕事を辞め、何年間か自分のやりたいことを思いきりやってから仕事を再開。

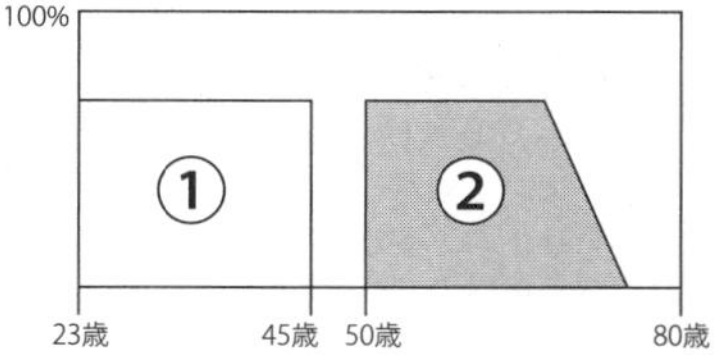

後半間欠泉型

40 代でいったん仕事を辞め、その後はモーレツに働く時期と、少しだけ働く時期や完全オフの期間をとり混ぜる。

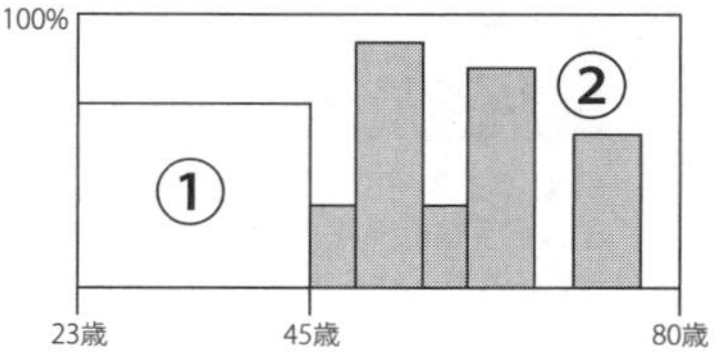

表 19ー続き

プチ引退型

40代以降は、シーズン引退、ハーフ引退、わがまま引退などの形で働く時間を減らす。

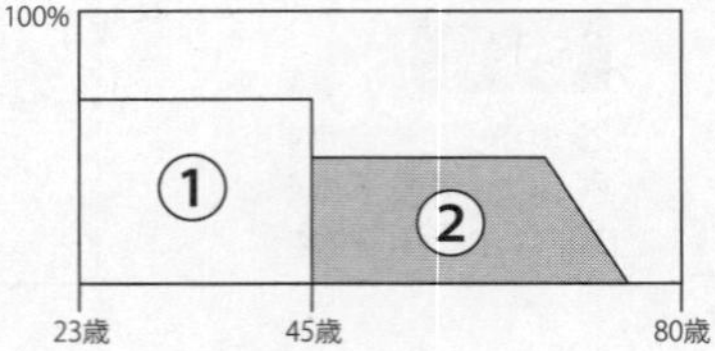

独立フリーランス型

40代で仕事を辞め、若い頃の夢であった職業にチャレンジしたり、「あるべき業界の姿」実現のために起業。

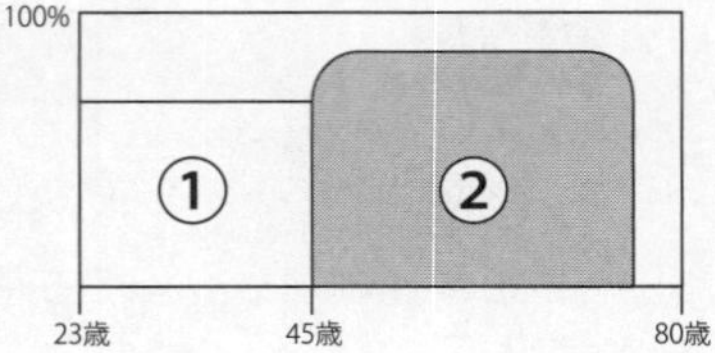

専業主婦（主夫）→ビジネス型

前半は専業主婦（主夫）として家事・育児などに専念、後半は仕事に専念。

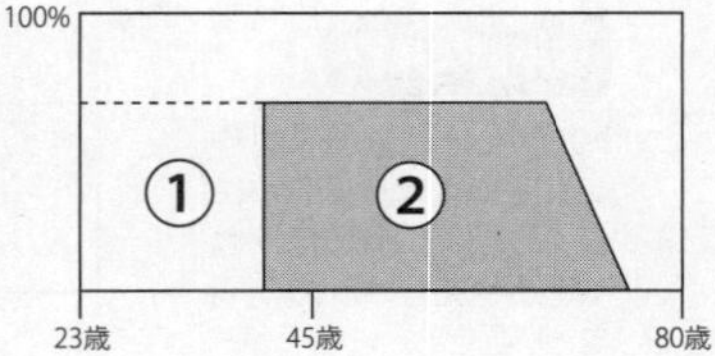

第五章

求められる発想の転換

■1．お金に関する発想の転換

40代からオリジナル人生に移行するなんて、余程の経済力か特別な能力をもつ人だけに可能な話、と思われるかもしれません。しかし、そう思って動けない人と本当に踏み切ってしまう人の違いは、経済力格差でも能力差でもなく、これまで働いてきた環境の違いからくる「不安感の差」なのです。

新卒で日本的な終身雇用慣行が残っている企業に就職し、何十年もそこで働いている人にとっては、会社を辞めるというのは、ものすごく怖いことです。その一方、外資系企業や新興企業、中小企業、もしくは金融やウェブ、ソーシャルメディアなどの業界では、数年ごとに転職することも、今やまったく珍しいことではありません。そういう環境で働いていると、所属先の組織を辞めるのは（大事な決断ではありますが）怖れおののくようなことでもありません。

このため皮肉なことに、保守的な業界の安定企業に勤める、年収が高く貯金のある人ほど、解雇や失業、転職を怖がっているように見えます。彼らが組織を離れることが怖いのは、経済力がないからではなく、周りにそういう人が少ないからでしょう。

さらに、そういう組織で最後まで勤め上げた親や転職経験のない上司が、「組織を離れたらものすごく大変な目に遭うぞ」と脅します。彼ら自身は一度も外に出たことがないのに、「外は怖い、すごい怖い」と煽るのです。

私たちは毎日外に出て仕事や買い物に行っています。だから外出することは、怖いことでもなんでもありません。でも、もしも家の中だけで、一歩も外に連れ出されずに20歳まで育てられたら、「外出することはとても怖い」、「外の世界は恐ろしい」と思うようになるでしょう。転職に関しても全く同じことが起こっています。外に出るのを怖がっているのは、外に出たことのない人ばかりなのです。

補助輪を外した自転車に乗るのも、プールサイドから水に飛び込むのも、未経験の間はものすごく怖いけれど、一度経験すれば、なんのことはないとわかります。寧《むし》ろ怖いのは、何があっても辞められないという不安感を人質にとられ、止めどなく延びる定年年齢まで働いているうちに、人生が終わってしまうことでしょう。

加えて、収入さえ高ければ早期引退できるのに、と考えるのも大きな間違いです。

外資系の投資銀行やファンドには、年収が4000万円から1億円くらいの人がたくさんいます。新人とアシスタント以外は、大半が2000万円近い報酬をもらっているというプロフェッショナルファームもあります。そんな業界でも早期引退をするような人は極めて稀です。それどころか彼らの多くは、他業界の人よりむしろ長い時間、働いているし、中には貯金がほとんどないという人までいます。

たくさん稼いでも早期引退できない理由のひとつは税金です。所得税、住民税に社会保障料を差し引くと、額面で4000万円の収入は、手取りで2500万円未満です（注：もちろん諸条件により異なります）。

その上、収入が多い家庭はとかく贅沢になりがちで、支出もふくれあがっています。港区など職場のすぐ近くに住んで数十万円もの家賃を払い、子どもはインターナショナルスクールやエスカレーター式の私立校に通わせ、高級レストランで外食し、旅行に行けば一流ホテルに滞在します。

開業医や渉外弁護士なども同じです。質素に暮らせば、40代で引退できるのでしょうが、自営業の彼らは、税金を払うくらいなら立派な事務所を作ろう、福利厚生施設と称して別荘でも買おう、という発想になりがちです。収入が高くても、それに合わせて支出が高水準になってしまえば、結局のところ一生働かなくてはならないのは、高所得者も同じなのです。

支出マネジメントが引退可能年齢を決める！

私たちに必要なのは、お金に関する根本的な発想の転換です。というのも、実は早期引退の可否を左右するのは、収入ではなく支出の多寡《たか》なのです。たとえば３００万円の車を買えば、税金、保険、車庫代などで年間40万円はかかります（ガソリン代は、車がなければ電車やバス代が必要なので、ここでは算入しません）。たとえ10年間、車を買い換えなくても、購入費と維持費で合計７００万円が必要になるということです。

これは、1年を２３０万円で暮らせる人にとっては、3年分の生活費に当たります。つまり車を買うという選択は、「車のために生涯で3年間は長く働く」という選択をしているのと同じです。車を10年間保有して65歳まで働く人は、車を保有せずに62歳まで働くという選択肢ももっているのです。

このようにすべての大きな出費は、「この買い物をしなければ、自分は何年分、早く引退できるか」という年月に換算できます。とはいえ別に私は、ケチケチ暮らすことを勧めているわけではありません。好きなこと、大事と思うことにはお金を使って、大いに人生を楽しむべきです。でも、どうでもいいこと、周りがやっているからうちもそうする、みたいなことに多額のお金を使うくらいなら、その分は、人生再設計のための原資にすればいいのです。

一億総中流社会では、みんなが同じように高収入を目指すだけでなく、同じように支出することも想定（推奨？）されていました。団塊世代はみんな20代前半で結婚し、子どもを二人育て、自家用車とマンションを買って、最後は庭付き一戸建てに移ったのです。ご近所がもっている家電製品は我が家もすべて揃え、どの家も夏休みには家族旅行に出かけ、子どもの教育には惜しげもなくお金をつぎ込みました。

しかし今は、お金の使い方についても自分のアタマで考える時代です。最近は低所得者層より、中の上に分類される家庭のほうが、老後の収支が厳しくなるとも言われています。収入が伸びない中、すでに支出を身の丈に合わせている低所得者層と異なり、中の上家庭はまだ夢を捨てきれず、「周りがやっていることはうちもやる」という横並び意識から逃れられていないからでしょう。

もう一回、ゼロからよく考えてみましょう。誰も彼もが持ち家を所有する必要も、自動車を買う必要もありません。子どもの教育費用は未だ聖域と信じられていますが、国公立の学校を中心に検討する人や、奨学金を積極的に活用すべきと考える家庭も増えています。子どものお受験に何百万円もつぎこむことは「たとえ周りの家庭がどこもやっ

表20・家族類型別・世帯数の推移と予測

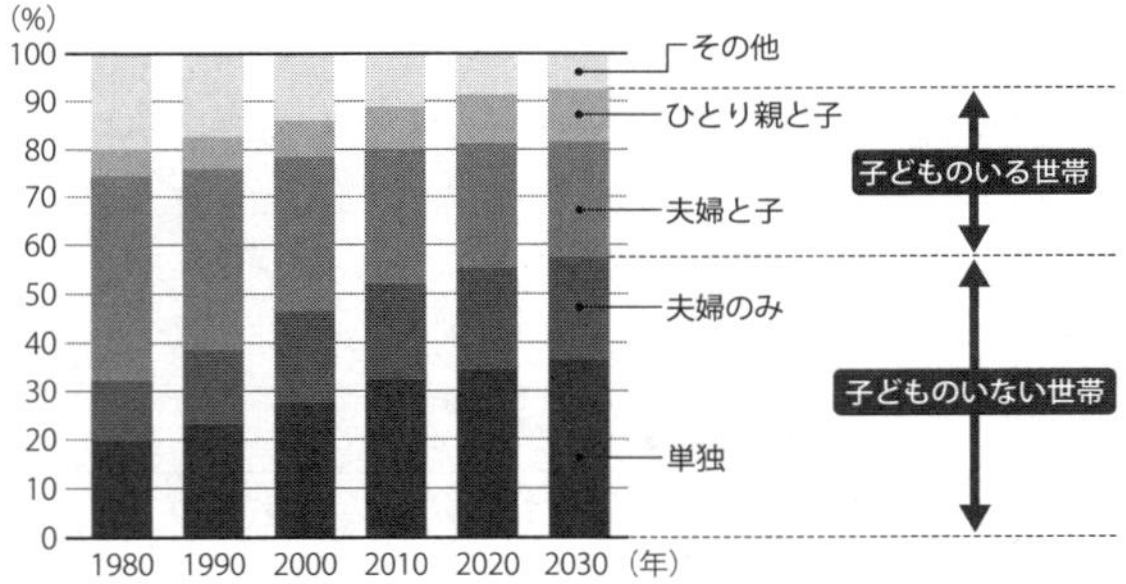

(出典) 国立社会保障・人口問題研究所　平成25年1月推計「日本の世帯数の将来推計」(全国推計)

ていなくても、我が家だけは絶対そうしたい！」と思えることなのでしょうか？

　成人式には娘に振り袖を着せて写真を撮るのが当然と思う親もいれば、形式的なことに大金を払う必要はないと考える家もあります。子どもの結婚式には1円も出さないという親もいれば、全額出すから親の言うとおり一流ホテルで結婚してほしいと願う親もいます。自分たちの生活のどこにどの程度のお金をかけるか、という判断自体が多様化しつつあるのです。

　今の日本では、賃貸住宅に住み、自動車ももたず、子どもには相応の負担をさせても、それはみじめなコトでもなんでもなく、ポリシーとして家を買わない、我が家の教育方針であるということにすぎません。人生再設計が可能になるかどうかは、収入ではなく支出

表21・生涯未婚率の推移

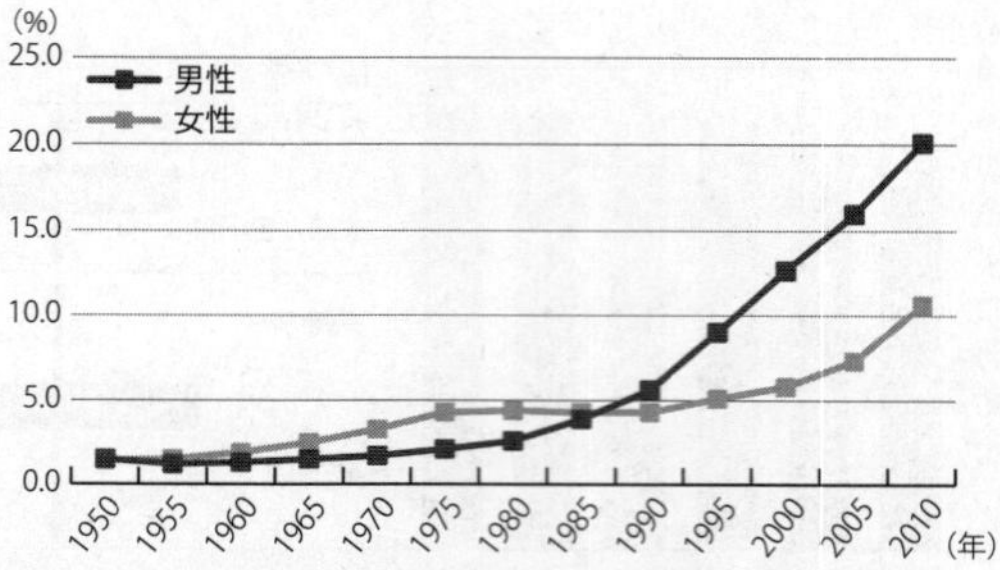

(出典)国立社会保障・人口問題研究所「人口統計資料集(2012年版)」
注)生涯未婚率は、45〜49歳と50〜54歳未婚率の平均値であり、50歳時の未婚率。

のマネジメントにかかっているのです。

多様化する世帯構成

加えて最近は、家族構成も大きく変化しつつあります。2010年には、単身者家庭の数が、初めて夫婦と子どもがいる家庭の数を上回り、全体の3割を超えました。この比率は、今後さらに高まると予想されます(表20)。しかも、増えるのは高齢単身者だけではありません。

税制や年金制度など日本の社会制度は、夫婦と子ども二人で、主に夫だけが働いている標準モデル世帯(以下、標準世帯)を前提に設計されています。

その標準世帯が今、急激に減少しています。表21にあるように、50歳まで独身の人は男性

表22・家族類型別・世帯数の割合

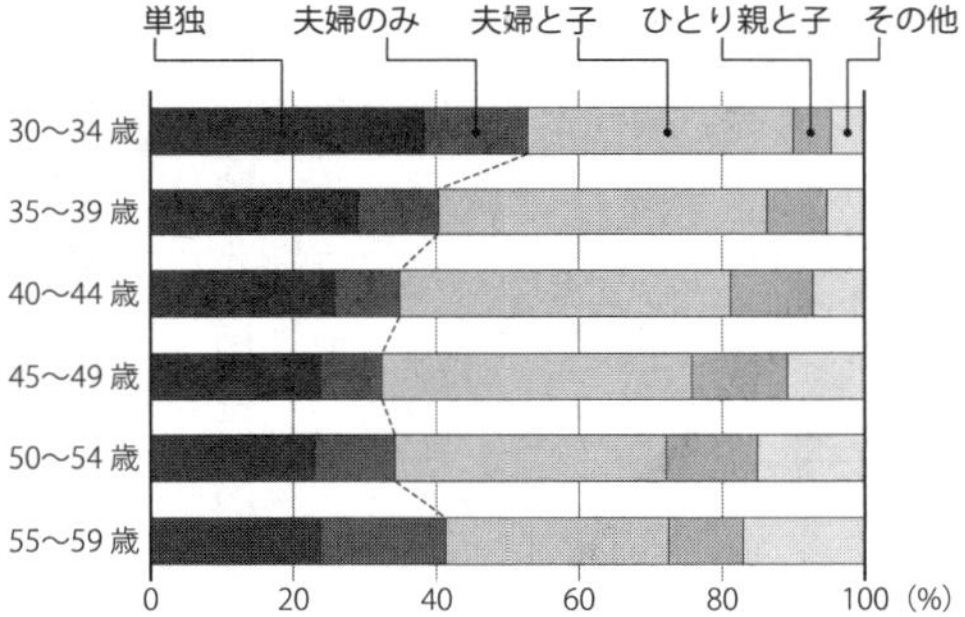

（出典）国立社会保障・人口問題研究所　平成25年1月推計「日本の世帯数の将来推計」（全国推計）

で20％、女性でも10％を超えています。また表22を見ると、30歳から54歳という（子どもがいれば同居しているであろう）年代でも、「単独世帯」と「夫婦のみ世帯」の合計が3割を超えており、3世帯に1世帯は子どもを育てていないとわかります。

さらに「夫婦と子ども」世帯の中にも、「専業主婦に子ども二人」や「共働きで子ども一人」など、様々なバリエーションが含まれています。

そもそもこれだけ家族構成が多様化してきているのに、全員が同じ年齢まで働くという前提自体がおかしいとは思いませんか？　ごくシンプルに考えてみても、共働きと専業主婦家庭の人が、同じ年齢まで働く必要があるとは、とても思えません。

多くの家庭は、

・妻に専業主婦として家にいてもらって、自分だけ65歳まで働くか
・子育て後の妻に働き始めてもらって、夫婦とも60歳まで働くか
・妻にフルタイムで働いてもらって、夫婦とも55歳まで働くか
などといった選択肢をもっているはずです。

また最近は「非正規雇用が労働者の3割に達している」とよく言われますが、反対に言えば、まだ労働者の7割は正規雇用で働いているということです。なかには夫婦とも正社員で、「一人分で妻子を養える給与」を二人ともがもらっているケースもあるでしょう。

そういった家庭や、結婚せずにシングルのまま正社員として（家族が養えるレベルの）給与をもらっている人にとって、40代での人生の再設計が経済的に不可能などということはありえません。未婚者や子どものない家庭は、税金も高く老後も不安など、なにかとデメリットばかりが強調されますが、人生設計の自由度に関しては、より幅広い選択肢をもっているはずなのです。

死ぬまでお金に困らない人＝寿命の短い人

「でも、すでに子どももいるしローンもある。支出の切りつめにも限度がある」と言う人もいるでしょう。しかし、働き方を変えるためには、まず十分な資産を貯めなければならない、という発想自体、間違っています。

　私が会社を辞めた時、「死ぬまで働かなくていいだけの貯金が貯まったの？」とよく聞かれました。しかし、そんな額が貯められるわけがありません。しかも、それっていったいいくらのコトなんでしょう？　1億円？　3億円？　10億円？　それとも3000万円？

　こういった試算は、マネー誌などで頻繁に特集されています。たいていは数字をこねくり回したあげくに「資産の3分の1は投資信託で運用しましょう！」といったワンパターンな結論に到達するのですが、注目すべきはそのシミュレーションの方法です。多くの場合、老後の必要額は「毎月の生活費」と「平均余命」を掛けあわせて計算してあります。

　このうち生活費については、様々に条件を変え、複数シナリオが提示されます。持ち家がある場合と賃貸物件に住んでいる場合、夫婦の場合と単身者の場合、さらには、旅行や観劇・外食を楽しむゆとりケースと、家庭菜園を楽しむナチュラルライフに分けてあるといった具合です。

けれども、毎月の必要生活費が人によって異なるように、寿命も人によって異なります。そして実は、毎月の生活費なんかより、寿命の差のほうが余程、重要なんです。

現在の日本人の平均寿命は男性80・50歳、女性86・83歳ですが、実際にはそれより20年早い60歳で死ぬ人もいれば、20年遅い100歳まで生きる人も存在します。全員が平均寿命までに死んでいるわけではありません。しかも100歳以上まで生きる人は、どんどん増えているのです（表23）。

60歳で亡くなる人と100歳まで生きる人がひとりずついると、平均死亡年齢は80歳になりますが、60歳で死ぬか、100歳で死ぬかによって、人生の長さは40年も違います。1カ月に20万円の生活費が必要な場合、この40年間の生活費だけでも1億円近くです。一生に必要な生活費は、寿命によってそれくらい異なるのです。

世の中で行われている多くの試算は、平均余命を使って老後に必要な生活費を計算しています。しかし100歳まで生きることになったら、シミュレーション通りの老後資産の形成に成功していた人でさえ、5000万円も足りません。

しかも自分が100歳近くになれば、子どもは70歳、孫も40代です。相当の子だくさ

表23・80歳以上人口と100歳以上人口の推移予測

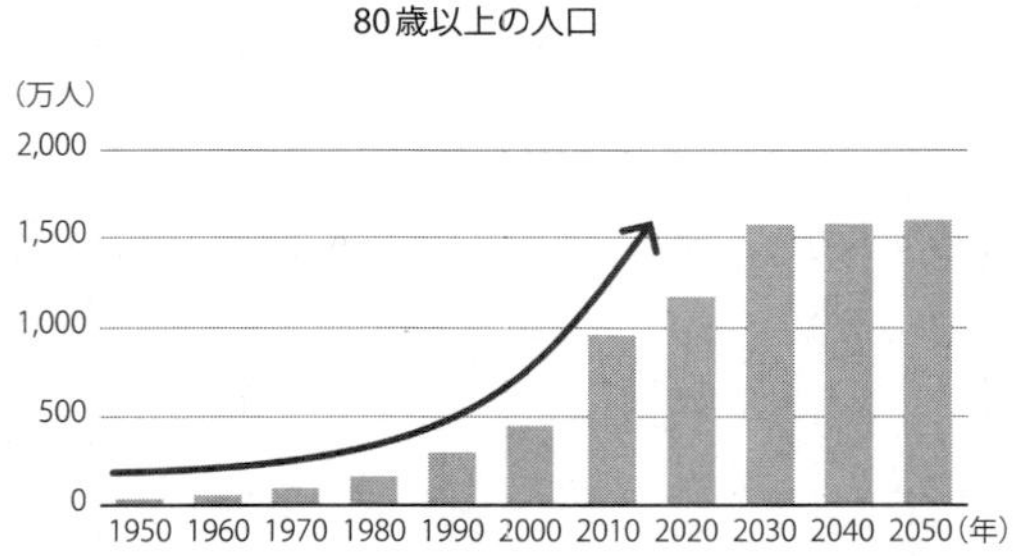

（出典）2010年までは「国勢調査」、2020年以降の予測値は国立社会保障・人口問題研究所平成24年1月推計「日本の将来推計人口」（出生中位 死亡中位）

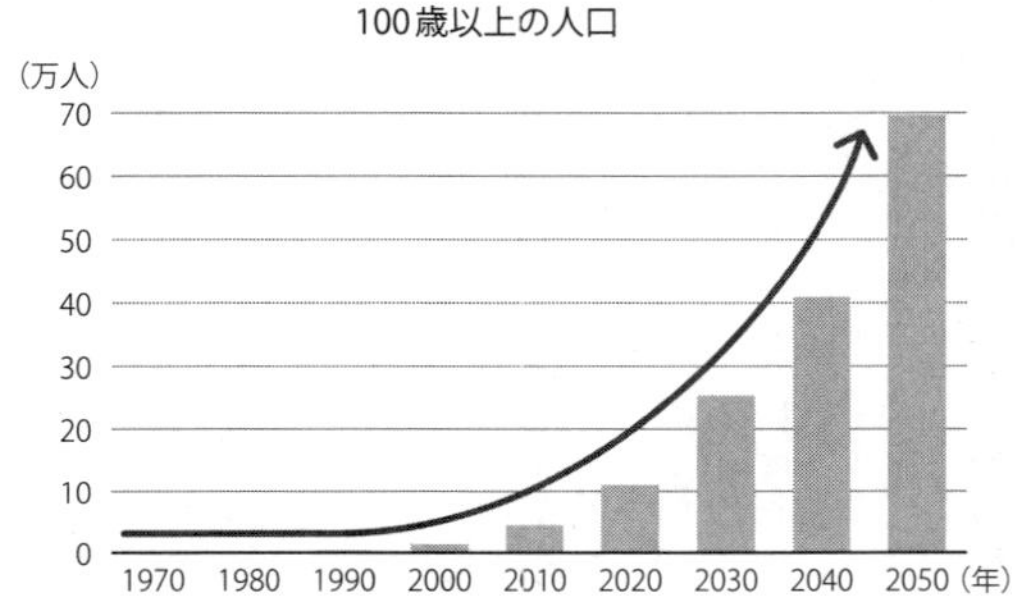

（出典）1970〜2000年は厚生労働省老健局「百歳高齢者に対する祝状及び記念品の贈呈について」、2010年は「国勢調査」、2020年以降の予測値は国立社会保障・人口問題研究所平成24年1月推計「日本の将来推計人口」（出生中位 死亡中位）

んでもないかぎり、孫が面倒をみてくれるなんて期待できないですよね。

　反対に60歳で死んだ人は、老後のために貯めていたお金がそのまま残ります。退職金をもらったばかりで、数千万円が残ったという人もいるでしょう。それだけ残るなら、本当は20年くらい早く引退できたはずです。

　結局のところ、自分のお金で死ぬまで（経済的に）困らない人というのは、少々年収が高いとか、ちゃんと貯金をしていたとか、家のローンが終わっていたなどという人ではなく、寿命の短い人なんです。

　若い人の中には、「年金は若者にとって損な制度だからなくしてしまえ」と言う人がいますが、私はいつも「それってどうなの？」と思います。長生きする人は、自分のお金だけで一生食べていくなんて、まず無理です。

　老後の備えに関しては、あなたが大富豪でもない限り「早く死ねばお金が余るし、長生きしたら足りなくなる」のであり、すべての人に、「思いがけず長生きしたら最後は年金、そして生活保護」という割り切りが必要です。

　だから、「十分な（＝死ぬまで食べていける）お金が貯まるまで働こう」と考えるのではなく、「元気な限りそこそこ稼げる態勢を、一定年齢（40代）をめどに整えよう」と考えるほうがよほど現実的であり、それが40代で働き方を再設計するという考え方につながるのです。

■ 2. 寿命に関する発想の転換

本来、長生きできるのは幸せなことです。なのに今の日本では、多くの人が長生きすることを不安に感じています。

少し前までは日本でも、早死のほうが恐れるべきことでした。終戦まで、男性は二十歳前後で戦死する可能性があり、戦後も、当時は不治の病であった結核にかかり、死を覚悟しながら長期にわたる療養生活を送った若者がたくさんいました。祖父母の世代では、幼い時に亡くなった兄弟がいたという人も珍しくありません。

しかし今や、日本人の寿命は世界でトップクラスです。むしろ老後の方が不安という人も多く（表24）、その備えにと個人年金や分配型投資信託が大人気です。

定年延長も長生きリスクを前提にした制度変更です。たしかに政府の政策立案者は、長生きする人のことを考えるべきでしょう。彼らは、65歳で亡くなる人の生活を心配する必要はありません。

しかし個人にとってはどうでしょう？　いくら日本人の平均寿命が延びても、自分が確実にその年齢まで生きられるわけではありません。確率は確率にすぎず、自分の人生

表24・老後に対する不安

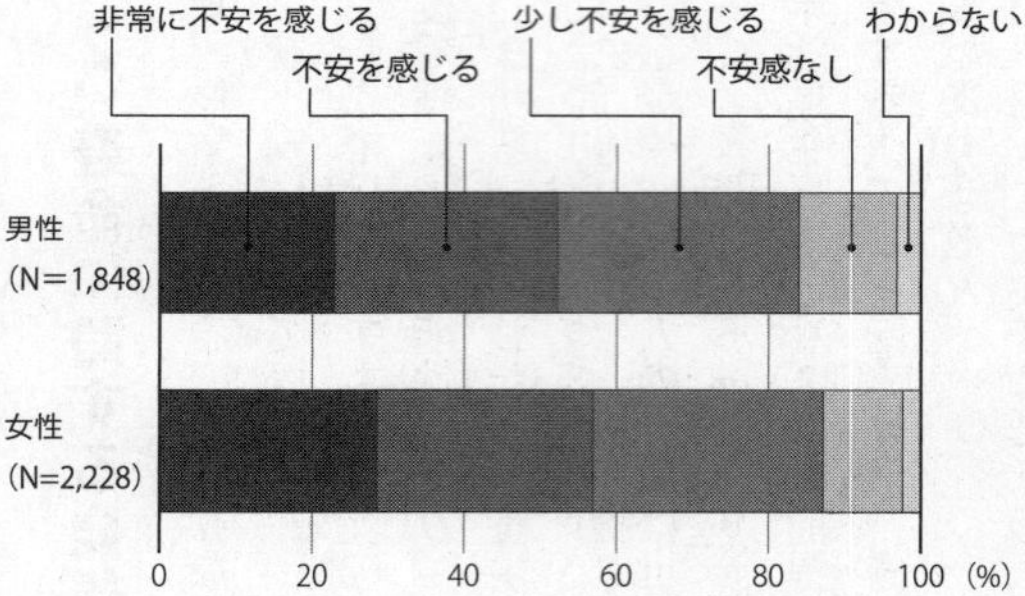

（出典）生命保険文化センター「生活保障に関する調査」平成22年度

がいつ終わるのか、誰ひとりとして予想もコントロールもできないのです。

２０１１年、スティーブ・ジョブズ氏は56歳で人生を終えました。世界最高レベルの医療を受けていたであろうジョブズ氏でさえ、60歳まで生きられなかったのです。しかも病気がわかった時の彼は、決してメタボでも、ヘビースモーカーだったわけでもありません。私たちは統計的には平均寿命まで生きられる可能性が高いわけですが、いくら健康に気をつけていても、実際にはそうでない人もたくさんいるのです。

ジョブズ氏はスピーチで、「もし今日が人生最後の日だとしても、今日の予定を本当に自分はやりたいだろうかと毎日問い続けてきた。それに対する答えがノーの日が続くなら、そろそろ何かを変える必要がある」と語っています。私たちはあたかも、人生がいつまでも（自分がやりたいことをやり尽くすその日まで！）続くように思いがちですが、そうではない可能性だってあるのです。

人生の有限感

ジョブズ氏だけでなく起業家には、この「人生は有限だ」という感覚を強くもっている人がたくさんいます。堀江貴文さんの『人生論』（２００９年　ＫＫロングセラーズ）には「小さい頃に突然、人はいつか死ぬんだと意識した」という記述がありました。ソフトバンクの孫正義さんも若い頃、命にかかわる大病で入院しています。

尋常じゃないレベルの働き方をしている人、自分のやりたいことに迷いのない人、徹底的にしがらみのない人には、人生の有限感を意識している人が多いのです。逆説的な言い方だけれど、彼らはくだらない不安をもちません。

普通の人はいろんなことが不安で、人生にやたらと保険をかけます。「こんなことをしたら収入が減るのではないか」、「こんなことをしたら友だちに嫌われるのではないか」などと考え、思い切った決断ができません。常にブレーキに足をかけ、アクセルを全開にせずに人生を運転します。進みたい道があっても、よくわからない道、地図に載っていない道には足を踏み入れない。「危ないかもしれない」からです。

普通の人がそういう不安に怯えるのは、本当の不安を知らないからでしょう。本当の不安とは、人生が終わるという瞬間が、明日にもやってくるかもしれない、ということです。それにくらべれば、その他の不安など質的に全く及ばないところにあります。だから死の意識や人生の有限感をもつ人は、それ以外の細かい不安に怯えません。最も大事なのは何なのかが、わかってくるからです。

人生が有限だと宣告された時に生き方が変わるのだとしたら、それまでの人生は、自分が本当に望んでいる生き方ではなかったということです。私は30代後半以降、常に「人生はあと10年」という前提をおいて、キャリア設計や働き方のコントロールをするようになりました。10年後に人生が終わっても、後悔しない、本当に楽しい人生だった、やりたいことはすべてできたと思える生き方をしようと決めたのです。

そう割りきると、思い切った決断ができました。自分と家族の時間の優先順位を上げ、仕事の優先順位を下げました。仕事でも、興味のあることをより純粋に追求するため、フリーランスに転じました。老後のための資産形成に関心が薄れ、死ぬまでにぜひ体験したいと思っていたことに、思い切ってお金を使うようになりました。忙しくてなかなか会えなかった友人とも、仕事をセーブしてでも会うようになりました。

いつ「もう長く生きられません」と言われても、一通り取り乱し、泣き叫んだ後には、

「でも、私はやりたいことを全部やってきた。後悔することはない」と確信できる生き方がしたいと思うからです。

「いつか」ではなく「今」やろう

今回私が提唱している、働き方を二回に分けて設計する考え方には、この点でも合理性があります。私たちが病気になる確率は、40代から急激に上昇します。20代、30代は「ずっと続く未来」を想定していればいいけれど、40代を迎えたら「いつ終わるかもしれない人生」を前提として考えるのは、確率的にも意味のあることなのです。

生き死にだけではありません。たとえ死ななくても、人は確実に年を取ります。海外で事故が起こると、その地を旅行していた日本人の年齢が報道されますが、60代、70代、時には80代で、秘境と呼ばれる場所に出かけている日本人がたくさんいて驚きます。

私はペルーのマチュピチュ遺跡を30代半ばに訪ねましたが、60歳を超えてから、あそこを訪ねたいとは思いません。遺跡に到達するまでに通過する（たいていの場合、一泊することが必要な）標高３６００メートルにあるクスコでは高山病に悩まされ、頭痛や吐き気に襲われます。遺跡に向かう列車やバスも、順調に運行されていれば問題はありませんが、天候悪化や事故があれば、うっそうとした山の中に放置されるリスクを抱えています。

日本とは全く環境の異なる場所を、体力や脚力が衰えた後に訪ねることは大きなリスクです。しかも日本からペルーに到達するには、乗り換え時間を含め20時間もの時間が必要です。20代、30代でもきつい長距離移動をしながら、70代で南米旅行が楽しめる人は、健康と体力に相当の自信がある人だけでしょう。

最近は、ジャングルの中の遺跡やアフリカのサファリなど、「遠くて体力が必要で、なにかあった時には個人の免疫力や脚力が問われる場所」には、早めに旅行しておこうと考えています。おなかの弱い私は、アフリカに行くと下痢をして数日寝込むことも多いのですが、基礎体力と免疫力があるからそれくらいで済んでいるのであり、そうでなければ脱水症状で命に関わるかもしれません。

多くの人は若い時にお金がなく、休みも取れないため、定年してから12時間も飛行機に乗って欧州や南米の遺跡を訪ねます。でもそれは、誰にでも可能なことではありません。たとえ可能であっても、若い時と同じように楽しめるという保証はありません。

今は健康に自信のある人でも、年を取るということを甘く見ないほうがいいと、私は思います。健康上の問題で飛行機に乗ることができなくなったり、食事制限のためにツアーに参加できなくなったり、足が悪くなって、階段の多い広大な遺跡には行けなくなる可能性もあるし、大病をしなくても、歯が悪くなって食べられるものに制限が出てきたり、目が悪くなり、長時間の読書やパソコン作業が辛くなるかもしれません。だから絶対やりたいことは、「いつか」ではなく「今」やっておくべきなのです。

前述したとおり、長生きリスクに対して経済的に完璧に備えるのは不可能です。自分が１００歳を超えるまで生きても、自費でやっていけるほどの資産形成ができる人など、ほとんど存在しません。心配してもどうしようもないリスクなんです。

それなのに多くの人が、今やりたいことを我慢してまで、とめどなく長生きの経済リスクに備えようとします。しかしどんなに頑張っても、その不安が解消されることはありません。このアプローチでは、「老後に備えている間に、人生が終わってしまう」のです。

自分が心から楽しいと思える生活を封印し、できるだけ節約して貯金を殖やしながら、今の仕事と生活をあと20年も続けるのは、本当に自分にとって唯一の、もしくはベストな選択肢なのでしょうか？

反対に私たちは、人生があと10年かもしれないというリスクには、どんな備えをしているのでしょう？　10年後に人生が終わるとしたら、子どもに残してやりたいものは、十分なお金でしょうか？　本当にやりたいことは、今やっていることでしょうか？　やりたいことを後回しにせず、自分にとって本当に大事だと思えることを優先するのは、経済的な備えを少しばかり積み増すことよりも、よほど重要なことです。

時々、「あと2年働くと退職金が○○万円増えるから、そこまでは我慢する」という人がいます。いろんな事情があるのでしょうから、一概に間違っているとは言いません。でも、自分自身にはきちんと問うておくべきです。本当にその額が、「2年間の自由」、「2年分の人生」より、自分にとって大きな価値があるのかと。

人生はいつまで続くかわからない。この意識をもつことが、くだらない世間の〝あるべき論〟に汲々と従う生き方にたいして、立ち向かう原動力となってくれます。なんとなく過ぎていく日常は、あたかも永久に続くかのように思えます。でも実際には、終わりは突然（そして当然）やってきます。

フランスの女流作家フランソワーズ・サガンは、若くして小説がベストセラーとなり、大金持ちになりました。周囲には様々な思惑の人が集まります。良識ある大人たちは彼女に忠告しました。「つきあう人を選びなさい。あなたの名声とお金にしか興味のない人とつきあうべきではない。あなたは騙されている。そのうちきっとひどい目にあうだろう」と。

それにたいして彼女は、「たとえそういうことが起こって、眠れないほどつらくて悲しい日が週に3日あったとしても、嬉しくて楽しくて眠れない日が1日でもあるならば、私はそういう人生の方を選ぶでしょう」と答えています。

他の作家の「人生の傍観者になるな。自分の人生の舞台を、観客席からぼーっと見ていてはいけない。舞台に上がれ、演じるのだ」という文章も印象的でした。誰かの人生ではなく、自分の人生を生きること。周りにどう見られるかではなく、自分が心から気持ちよいと思える人生を送ること。それがなによりも大事なことなのです。

人生があと10年だとしたら？

今度の週末にでも、一度ゆっくりと考えてみてください。「もしも自分の人生があと10年だとわかったら、その10年を自分はどう過ごすだろう？」と。そこで思い浮かんだ生活を、ふたつめの生き方として実現できないでしょうか？　人生１００年の時代には、人生50年時代の2倍の時間があります。一生の間にふたつの異なる生き方を試すのは、年数から見ても合理的なのです。

20代で就職した時、私たちは無意識のうちに、大半の時間を仕事に捧げると誓ってしまいました。住む場所は会社への通勤を考慮して決め、着ている服装も、その業界で許される範囲から選んでいるはずです。職場の近くで手軽に食べられるものを食べ、読んでいる本も仕事に役立ちそうな本だし、鞄も靴も通勤に適したものですよね。

40代で働き方をリセットする大きなメリットは、そういった生活のすべてにおいて、自分のコントロールを取り戻せるということです。とりあえず働き始めた20代とは異なり、「自分が望ましいと思える生活スタイルをまず想定し、それが可能になる働き方はないのか？」という順番で考えられる、それが「人生で二回目の働き方の選択」です。

前半人生は、一般的な出来事がもれなく組み込まれた「パッケージライフ」でした。でも40代後半になったら、それをダラダラと続けるのではなく、できるだけ早く自分自身のオリジナルライフを設計し、そちらに移行しましょう。後半戦は確実に「有限な人生」なのです。

今20代の人もぜひ、「人生は二回ある、自分はふたつの働き方を選べるのだ」という前提で、人生設計をしてみてください。最初からそう思っていれば、40代を迎えた時、人生の再設計をより前向きかつ計画的に受けとめられます。最初から、ふたつの異なる働き方や生活が体験できると想定し、楽しみにしていれば、40代での変化も決して怖がるようなものではなくなるのです。

終章

オリジナル人生を設計するために

■ステップ1．手に入れたい人生を明確にしよう！

最後に、自分オリジナルの人生を手に入れるために重要な、3つのステップについて書いておきます。

とある友人の転職相談にのっていた時、なにげなく「で、あなたは何がやりたいの？」と聞いたところ、「ちきりんさん、大半の人間は特にやりたいことなんてないんですよ」と言われてハッとしました。私は昔からやりたいことが多すぎて、時間が足りない、人生が足りないと、焦っていたからです。「やりたくないことなんて、やってるヒマはどこにもない！」と感じていたのです。

自分がそうだから、きっと皆も同じで、やりたいことはたくさんあるけれど、勇気がなくて踏み出せないとか、経済的なことが心配で決断できないのだろうと思っていました。でもその友人から「大半の人間はやりたいことなんてないんです。ただ大過なく人生をすごしたいだけです」と言われて、思い当たることが次々と頭に浮かび、確かにそうかもしれないと気がつきました。

世の中には、「やりたくないことなら、いくらでも言える」という人がいます。通勤電車で揉みくちゃにされるのも苦痛だし、雨の日の出勤も辛い。くだらない仕事のために残業するのは悲しいし、断り切れないまま合わない上司と飲みに行くのも苦痛。疲れてゴロゴロしていたい日曜日に、大掃除や親戚づきあいに駆り出されるのもマジでうざい。「仕事を辞めたい」、「ひとりになりたい」と思っている人はたくさんいます。でも、同じくらい強い気持ちで「やりたいこと」が明確になっているという人は、そこまで多くないのです。

実は世の中には、ごくわずかな蓄えしかないのに、いとも簡単に会社を辞めてしまう人がいます。なぜそんなことができるのかというと、彼らには、「ものすごくやりたいこと」「それさえあれば他には何も要らない」ことがあるからです。

たとえばオンラインゲームが三度の飯より大好きで、一日20時間ゲームをしていても全く飽きない。ゲームさえできるならリアルには誰とも口をきかなくても平気だという人は、最低限、食べていけると思えば、すぐに会社を辞めてしまいます。これは、被災地や途上国支援のために仕事を辞める人たちも同じです。彼らは、貯金があって生活に不安がないから仕事を辞められるのでも、能力が高くていつでも次の仕事に就けると思うから辞められるのでもありません。そうではなく、自分のやりたいことが極めて明確だから、きっぱりと決断できるのです。そういうリスクのとれない人は、というより、自分の好きなことを追求するのがリスクだと思える人は、たいていの場合、そこまで強く「コレがやりたい！」と思えていないのです。

やりたいことが明確になるという幸運

私も同じです。大好きな旅行や美術館巡りを楽しみ、自宅にいる時は料理と韓流ドラマにたっぷりと時間をかける。そして、誰にも強制されることなく気ままにブログや本を書いてすごす日々が、なによりも楽しいのです。

「そんな生活なら誰でも楽しいだろう」と思われますか？　でもそうでもないんです。世の中には、所属組織がないというだけで、不安でたまらない人もいます。一人で旅行しても全く楽しくないという人も多いし、1日中ダラダラしていると、1週間もたたないうちに会社に行きたくなる人もいます。

でも私の場合は、一人旅も楽しいし、数日間、誰とも話さずに文章を書いていても寂しくは感じません。一人でアレコレ考え、表現する時間は私にとって至福の時間です。会社に所属していなくても不安感はないし、誰かほめてくれる人が周りにいないとやる気が出ないわけでもありません。社会になんら貢献できていなくても、自分の存在意義を不安に思うことはないという精神力があるからこそ、こういう生活が楽しめるのです。

「ちきりんさんはお金があるから、そういう生活が楽しめるのだ」と言う人もいますが、私はお金のなかった学生時代にもそういう生活をしていました。経済的に余裕がなければ今でもバックパッカーを続けていたでしょう。そもそも、お金がないと旅行が楽しめないという人は、そこまで旅行が好きではありません。本当に旅行が好きな人は「お金がないから旅行に行けない」なんて言わないのです。

当時は料理も、一本の大根でどこまで美味しい夕食が作れるか（大根飯やお味噌汁、ふろふき大根など、一汁三菜を全部大根で作るなど……）チャレンジしていました。どんなに高価な食材が買える経済力があっても、料理嫌いな人には自炊は楽しめません。でも料理が好きな人にとっては、お金がない状態は、限られた予算でいかに美味しい料理を作るかという腕の見せ所であり、むしろ楽しい状況です。

「人気ブロガーとしての社会認知が得られたから、組織を離れられたのでは？」という意見もよく聞くのですが、私は全く人気のないブログを何年も書いていました。ブログの人気が出始めたのは4年間、書き続けた後です。自分が考えたことを文章にするのが大好きなので、それさえできていれば、儲からなくても、反応が少なくても、大きな問題ではありません。

幸せなんて所詮、自己満足です。自分が楽しければ他人の目は気にならないし、世間体が悪くても、傍目《はため》にはイケていなくても、もちろんお金が得られなくても、全く問題ないと思えるくらい好きなことがあるからこそ、人生が変えられるのです。

日本では就活の時、まだ20代になりたての学生に「おまえは何をやりたいのだ」と問います。でも、そんな年齢の時に自分がやりたいことを見極めるのは容易なことではありません。加えて彼らが可哀想なのは、そこで問われる「やりたいこと」が、なにかしら前向きで、仕事につながることでないと許されないということです。

「一生遊んで暮らしたいです」という本音は、口に出してはならないものとされており、「社会のなんらか大人たちに気に入ってもらえる口上を見つけねばなりません。それが「社会の役に立ちたいです」とか「人に感謝される仕事をしたいです」などという、無理矢理な言葉につながっているのでしょう。

さらに皮肉なことに、若者に「おまえは何をやりたいのだ」と問うている大人の方(たいていの場合、40代以降のベテラン・ビジネスパーソン)にも、「スゴクやりたいことは特にない」という人がたくさんいます。

彼らは学生と違って、既に20年近く社会で働いてきています。にもかかわらず彼らの多くにも、「人生でどうしてもこれをやりたい」ことが見つかっていません。そんなことを考えたことさえない人もいるんです（そんな彼らにも「やりたくないこと」「嫌なこと」はたくさんあります）。

やりたいことのない人生を無駄だと言うつもりはありません。ただ私が言いたいのは、「自分がやりたいことが明確になれば、人生はものすごく楽になる」ということです。それが明確になれば、世間の常識に自分を合わせる必要がなくなります。より有名な会社に入るとか、より高い地位を目指すとか、よりよいお給料をもらうということに、ほとんど意味がなくなるのです。

やりたいことが見つかると、「自分の人生はこれでいいんだろうか、ほかにも可能性があるんじゃないか」などと、グダグダと悩み続けることもなくなります。他人の目も気にならなくなり、自分の行く道に自信がもてるのです。

これから社会が大きく変わるなかで、やりたいことがない人の進む道は、どんどん厳しくなります。人生が１００年になり80歳まで働く時代になって、「50歳の頃から特におもしろいとも感じなくなった仕事を、80歳まで30年間やり続ける」のは、50歳の頃からおもしろいと感じなくなった仕事を60歳までやればいいのとは、異なるレベルの苦痛です。それでも、自分が心からやりたいと思えることのない人は、どこにも逃げられないのです。

恵まれないほど考える機会が得られる

最近の若い人たちは昔の若者より真剣に「自分はどんな人生を送りたいか」と考えています。今の40代以上の場合、就活時には複数の仕事が目の前に並んでいて、特にやりたいことを突き詰めなくても仕事に就け、その後は組織に人生を委《ゆだ》ねていれば、順調にやってこられたという人がたくさんいます。

彼らの中には、「最近の若い者は何も考えていない」などという人もいますが、私から見れば、今の中高年の方がよほど何も考えていません。だから、未だにやりたいことが見つかっていないのです。

ある意味では、終身雇用というのは罪深いシステムです。いったんその企業の構成員となれば、あとは何も考えなくてもひたすらに続くエスカレーター（か歩く歩道）の上を黙々と進んでいけるからです。あのシステムが人から、自分はどんな人生を送りたいのか、何をやりたいのかと自問自答する機会を奪ってしまっています。

私が就職活動をしていた時、女子学生は男子学生より、自分の人生について遥かに真剣に考えていました。男性と異なり、よくよく考えないと就職できなかったからです。

日本企業の大半が女性に門前払いを続ける中、自分は専業主婦になりたいのか、資格をとって働き続けたいのか、どんなに大変でも共働きを続けたいのか……大半の女子学生が必死で考えていました。それに比べると、景気の良い中でさっさと就職できてしまう男子学生はほとんど何も考えず、「とりあえず大きな企業に入っておけばいいんでしょ」という感じだったのです。

人は、不遇な立場に置かれると、しっかりと考えるようになります。ものごとにはいい面と悪い面があります。幸運な立場にあったからこそ何も考えずに済み、そのために人生の折り返し地点を過ぎてさえ、自分がどういう人生を送りたいのか、自覚的になれない人もいるのです。

そういう意味では今の若者は幸せです。希望する会社に入れなければ、たとえ内定がもらえても、これが本当に歩みたい道なのか、真剣に考えるでしょう。働き始めてからも、経済環境が悪いために後ろ向きな仕事が続けば、ずっとここに居ていいのかと、考え始めるはずです。そうやって意識的に考えてこそ、自分のやりたいことに気がつくのが、私たち〝のほほん〟とした人間の性《さが》なのです。

能力や環境とは無関係!

なんら考えることなく生きてきた大人たちから、「将来の安定のために、今やりたいことを我慢しろ」などと言われても、聞く必要はありません。忘れないでください。「やりたいことがある・見つかる」というのは、とてもラッキーなことなんです。

もしもそれが見つかったら、容易《たやす》く手放すべきではありません。心からやりたいと思えることさえ見つかれば、幸せに生きる道を見つけたも同然です。それくらい「自分にはやりたいことがある!」というのは、有利なことなんです。

しかもそれが見つかるかどうかは、能力や家庭環境とはまったく無関係です。成績がよいからやりたいことが明確になるわけでもないし、教育熱心で、お金に余裕のある家庭に育ったから、見つけやすいわけでもありません。自分のやりたいことは、生まれながらの条件にかかわらず、誰でも平等に探し当てることができるのです。

能力が高くなければやりたいこともできない、家庭環境に恵まれないと選択肢さえ与えられないという人もいます。確かにそうかもしれません。でも自分が手に入れたいものが明確でなければ、いくら選択肢が多くても意味がありません。

この点で、世の中はとても平等です。いろんなものに恵まれた人をうらやましく思うこともあるでしょう。でも、「コレだ！」と思うものが見つけられたら、もはやあなたは人にうらやましがられる立場です。みんなまさに、それを探しているのです。


やりたいことは、社会的に意義のあることや、周囲が驚くような大きな目標でなくてもかまいません。大事なことはただ、「それは、誰に評価されなくても、経済的な見返りがほとんどなくても、やり続けたいと思えるほど好きなことか？」という点だけです。

今の〝ちきりん〟の生活をうらやましいという人はたくさんいます。でも、私の人生を他の誰もが楽しめるとは思えません。人それぞれ、楽しいと思える生き方、働き方は異なるからです。

憧れたり、うらやんだりするのではなく、自分自身が本当に欲しいものを見つけましょう。「自分はこれからの人生を、どう過ごしていきたいのか、どんな人生をおくりたいのか」、しっかりと考え詰めましょう。私が自分をとてもラッキーだと思うのは、能力や環境に恵まれたという点ではありません。そうではなく、30代半ばのタイミングで、やりたいこと、やりたくないことが、ほぼ迷いなく明確にわかったことが、なによりラッキーだったと思うのです。

多くの人がお金のない人生を不安に思います。でも、それよりつらいのは、やりたいことの見つからない人生です。何かに熱中する子どもに、とにかく勉強しろとか、まずは大学に行けなどといって、やりたいことを放棄させるのは本当にバカげています。誰の人生にとっても「心からやりたいこと」が見つかるのは僥倖《ぎょうこう》と言えるほどラッキーなことです。それは、能力があるとか、お金があるなどという条件とは比べられないほど恵まれたことなのだ、ということを忘れないでください。

職業人生の再設計に向けて、まずは、自分はどこに誰と住んで、何時に起きて、どんなことをして毎日を過ごしたいのか、具体的に考えましょう。「旅行でもしながらのんびり暮らしたい」などというぼんやりした言葉では意味がありません。仕事を辞めた後に数回の旅行を楽しむことくらいは誰にでもできるでしょうが、旅行だけで後半人生を埋めることはできません。大事なのはどれほど「手に入れたい生活イメージが具体的に想像できているか」ということです。

「もう働きたくない！」などと、やりたくないことだけをイメージしていた人が本当に仕事を辞めると、毎日退屈で耐えられなくなります。嫌なことの裏返しや、憧れの誰かから借りてきたような、ぼんやりとしたイメージだけでは、人生を心から楽しむのは不可能です。

いくら真剣に考えても理想の生活がイメージできなかったら？　そうであれば、迷わず今の生活を続けましょう。それがきっとあなたにとって一番ましな人生です。

でも、もし「そう言えば、こういう生活がしたかったんだ！」というものが見つかれば、毎日のスケジュール表を作るくらい詳細に、その生活を想像しましょう。そして、本当にそういう生活がしたいのかどうか、時間をかけて考えてみてください。1週間くらいの休みを取って、予行演習をしてみるのもいいでしょう。

繰り返しますが、検討すべきは、「そんな生活で食べていけるだろうか？」ではありません。確認する必要があるのは、「そんな生活を、本当に自分は楽しいと思えるのか？」ということです。それさえできれば、他のことが満たされなくても（＝たいしてお金が儲からなくても、世間から褒めてもらえなくても）幸せで楽しいと思えるのか、ということです。

そして、もしその答えがイエスなら、それは本当に幸せなことです。手に入れたいものが明確になるのは、自分のオリジナル人生を始めるために最も重要な、そして最初に必要なステップなのです。

■ステップ2．複数の将来シナリオをもとう！

小学生から大学生に至るまで、まだ働いたことのない段階では、「医者になる」とか「弁護士になりたい」というように、特定の職業に就くことが、キャリア形成の目標であるかのように語られます。しかしそれだけでは、どのように働くのか、どのような仕事をするのか、全くわかりません。

医学部に学び、晴れて医師免許を取得しても、臨床医として患者さんを診る人もいれば、研究者として顕微鏡を覗き続ける人もいます。巨大なグローバル製薬会社に入社し、薬の開発やマーケティングに携わる人もいれば、公務員として医療行政に関わる人もいるでしょう。日本だけでなく海外で医師を目指すこともできるし（もちろんその国での医師免許が必要になりますが、中心的な知識やスキルは同じモノが求められます）、ヘルスケア分野のアナリストや投資家となり、金融業界で働く道もあります。

企業に入社し、技術者や営業担当者として働き始めた人にも、いろんな働き方の選択肢があります。学生までは、「ＳＥになる」とか、「金融業界で働く」といった職業の開始地点のイメージしかもてない人が多いと思いますが、働き始めてみれば、ひとつの職業の中にも、多岐にわたる働き方のバリエーションが存在しているとわかります。

キャリア形成・5つのシナリオメソッド

以前、電子デバイスの研究者である竹内健先生（中央大学教授）と対談した時、エンジニアのキャリア形成について、「工学部の学生には、就職前に5つくらいのキャリアのシナリオがあることを教えておき、働きはじめた後に自分で選べるよう、当初から意識させておけばどうでしょう？」と提案したことがあります。

たとえば第1の道は、「この分野に関してはコイツの右に出る奴はいない」といったオタクエンジニアの道。狭く深い知識を武器に生きていくことになるため、社内での出世は難しいけれど、ノーベル賞を取るぐらいの勢いで頑張るなら挑戦していい道です。

2つめは、そこまで高い技術力はもっていないけれど、トレンドに合わせて売れる商品を器用に開発していく、売れっ子エンジニアの道。

3つめは、エンジニアとしては「まぁ、ちょっとね」という人でも、マーケティングや営業をやらせると、技術者としてのバックボーンを活かし、他の人とはひと味違う優秀な営業職になるという道。

4つめに、技術やモノ作りを超えて、組織のマネジメントとか事業戦略を考えることに興味とセンスをもつ人。ビジネススクールに進んだり、最終的には経営者を目指すような道。

そして5つめが、エンジニアとして自らベンチャー企業を興すという起業家の道です。

工学部の学生には最初から「君たちエンジニアには、最終的にこういった5つの道があるから、仕事をしながら自分が進みたい道をよく考えておくように」と伝えておけばいいのです。将来の選択肢がおぼろげにでも見えていれば、就活時にはわからなくても、30歳にもなれば自分の適性や好みも把握でき、40代に向けてどの道を選んでいくべきか、自分で判断できるようになります。そしてそれが、人生二回目の働き方の選択となっていくのです。

個人的に、「キャリア形成における5つのシナリオメソッド」と呼んでいるこの方法は、ほぼすべての職業の人の、キャリアプラニングに使うことができます。ここまでに医師とエンジニアの例を書きましたが、薬剤師や会計士など他の資格職や、銀行員、経理担当、営業担当といった一般の会社員であっても、同じように5つくらいの選択肢は常に考えられます。

たとえば、営業として就職した場合なら、

⑴新卒で入社した企業で管理職、経営者を目指すべく、様々な部門を経験しながら、組織内の政治力も身につけ、その企業の中で出世することを目指す

⑵社内での出世は目指さないが、（例えば、薬の営業など）一貫した専門分野でキャリアを極める。（役員候補以外は最後まで社内に残れないので）途中で中小企業や新興国の企業に移り、自分の専門を活かして働く

⑶様々な経験を積むため、何年かごとに業界や会社を変えながら、市場横断的な営業スキルを身につける。外資系企業などから「営業チームのヘッド」として誘われるような営業のプロフェッショナルを目指す

⑷一定の年齢で組織を離れ、営業代行や営業スタッフの教育を請け負う自営業者となる。営業スキルやノウハウについて講演や執筆を行い、自分が身につけてきた経験知の伝道者となる

⑸技術をもつ仲間と起業し、自分は営業部門の責任者として働く。会社を大きくして、より広い分野を担当する経営者を目指す

といった具合です。ここですべての職業についてシナリオを書くことはできませんが、こういった複数の選択肢について言語化することは、それぞれの分野で5年も働いた人であれば、そんなに難しくはないはずです。

最近は起業家志望の方も多いですが、私は起業家にも5つのシナリオが存在していると思っているし、音楽家や舞台俳優など芸術系の職業にも複数の将来シナリオがあると考えています。

もちろん子育てに専念してきた専業主婦でも、一番下の子どもが中学生になれば、「その後の5つのシナリオ」を考えることができるでしょう。最初に公務員や教師を選んだ人も、働いて3年から5年たったところで、次に進む道を考えるべきだし、研究者を目指して博士課程にいる人も同じです。「博士課程にいるんだから、教授を目指すべきでしょ？」というように、今の道以外何も考えないのは、思考停止そのものです。思考が停止した研究者なんて冗談にもなりません。

キャリア形成とは先行きの選択肢を複数考え、自分が進む道を意識的に選び、その道でやっていくために必要な知識やスキル、経験をどう身につけていくのか、自分で設計し、実現していくことです。「どこの会社に入るべきか」、「どの職業を選ぶべきか」なんていうのは学生の就活レベルの選択であって、社会人のキャリア形成とは呼べません。

数年ごとにシナリオを選びなおす

これから社会に出る学生の方には、最初に職業を選ぶ際、その職業を選んだ場合、将来のキャリアがどのような道に分岐していくのか、という選択肢のバリエーションについて早い段階で理解しておくことを勧めます。そして何年か働いた後、その時点での自分の適性や能力、そして意向（好き嫌い）に応じて、自分はどれを目指したいのかを考え、行く道を選択すればいいのです。

こうやって早くから主体的に自分のキャリアを形成するという意識をもっていれば、40代でオリジナルの働き方を実現するのも、決して崖から飛び降りるようなリスクの大きなことではなくなるでしょう。

これまで昭和時代の会社員は、キャリア形成を自ら行うことを放棄し、会社の辞令にそれを任せてしまっていました。だからその世代の人には、こういったことを意識して考えたことのある人がとても少ないのです（考えたことがあるのは、組織での出世が望めない上、仕事と家庭生活の両立に悩んだ経験をもつ女性や、会社の調子が悪くなってリストラされた〝かわいそうな人〟だけです……)。

しかし最初に書いたように、世の中は変わりつつあります。会社という船が、自分の定年までの間に沈んでしまうかもしれないのです。そうでなくても、50年間も働く時代になれば、その前半と後半では、自分のやりたいことや、家族の状況も変わります。

だからキャリア形成については、決して組織任せにせず、時代に合わせて個々人が考え続ける必要があるのです。そしてその具体的な方法が、「常に5つの将来シナリオを念頭において働き、次に行く道を考え続ける」という方法なのです。

現時点で既に3年から5年働いている人は、この週末にでも、自分のキャリアの未来にある5つのモデルを言語化してみてください(実際に文字にすることがとても大事です)。そして、自分はどのシナリオを選びたいのか、考えてみましょう。学生の方も同じです。自分が選ぼうとしている職業は、将来どう分岐していくのか、それこそが、皆さんが就活の中で考えるべきことであり、必要とあらば社会人の先輩に聞くべき質問なのです。

10年以上働いているのに、そんなことは一度も考えたことがないという人、そして、いざ考えようとしても、何も思いつかないという人……、それはちょっと大変かもしれません。自分の歩む道が今の延長線上の一本しか見えていないようでは、会社の業績が悪化したり、業界全体が構造不況にみまわれても、なにひとつ為す術《すべ》がなく、おろおろするしかありません。

そして自分がリストラされたり会社が潰れても、「今までと同じ仕事ができるところはないでしょうか？」などという姿勢で再就職先を探すことになってしまいます。これでは、後半人生に向けてオリジナルの働き方を設計しましょう！　と言われても、たしかに難しいでしょう。

また、組織の中のみんながそんな調子では、その企業の先行きも明るいはずがありません。本来はひとりひとりが時代の変化に合わせ、過去とは異なるやり方で価値を生む方法を考えるべきなのに、「長らくやってきたから自分にはこれしかできない、この道しかないのだ」と開き直り、他の選択肢を考えることもできないような人をたくさん抱える企業が、利益を出し続け、成長できるわけがありません。

どんな分野にいる人も、働いて数年たったら、将来ありうる働き方のモデルを5つほど言語化（シナリオ化）し、自分の進みたい道について意識的に考えるべきです。そして数年ごとにそのモデルを見直し、進むべき道を定期的に選びなおすのです。そうすれば、40代半ばに第二のオリジナル人生を設計するのも、決して難しくはありません。

私たちは50年も働く時代に生きています。人生も働き方も一本道ではありません。世の中の移り変わりや、自分の好みや適性の変化に合わせて、いろんな道が選べるよう、常に複数のシナリオを描いておきましょう！

■ステップ3．市場で稼ぐ力をつけよう！

自分設計のオリジナル人生を実現するために必要な最後のステップは、市場で稼ぐ力を身につけることです。そしてそのためには、なるべく市場に近いところで働くことが重要です。

自営業や小企業で働いている人は、最終的に自分の給与となるお金が、誰の財布から、どのような商品やサービスへの対価として、いつ、いくら支払われたモノなのか、常に意識しています。これからはそういうことをできるだけ身近に感じながら仕事をすることが、大切になります。

企業規模が大きくなると、自分の給与が「何が何個、売れた利益に相当するのか」わかっていない人が増えてきます。赤字部門で働きながら、毎月きちんと給与が振り込まれることに疑問をもたなくなる人さえいます。赤字というのは、自分が一生懸命やっている仕事が、それだけの価値はないと、市場に判断されていることを意味しています。

そのことが気にならないとしたら、それは市場が意識できないほど遠く、見えなくなってしまっているからでしょう。

（ただし同じ赤字事業でも、将来の高い期待値を生んでいれば、投資家が資本としてお金を入れてくれます。投資家からの資金で給与をもらっている人は、その期待を強くかつ直接的に感じて働いており、これは、とても市場に近い環境といえます。）

「市場に近い場所」と書くと、証券会社や金融機関を思い浮かべる人が多いのですが、そうではありません。それは、規制業種ではなく、独占・寡占市場でもなく、新規参入者への障壁が存在しない業界や、顧客と直接向き合いながら働く職場のことです。独占市場や規制で守られた市場に攻め入る、アタッカー企業で働くのはその典型です。

一般的には、研究よりも開発の方が市場に近いし、研究の中でも国際的に熾烈な競争にさらされている分野は、そうでない分野より市場的です。激しい価格競争が行われている事業で働けば、自然に市場感覚が身につきます。反対に、寡占企業で働いていると知らず知らずのうちに市場から遠くなります。そして、「よい物は必ず売れる」的な非常識が身についてしまうのです。

これから社会に出る人には、できるかぎりこの「マーケット感覚」を身につけられる仕事を選ぶよう、お勧めします。この感覚を身につければ、時代が変わり、所属していた組織が沈み、人生が１００年の時代になっても、一生苦労しなくて済むからです。

市場から稼ぐ力がないと、せっかく将来を見据えて複数のシナリオを考えても、組織に守ってもらう以外の選択肢を選ぶことができません。反対に、市場が求めているものを提供する力と自信が身につけば、未来に向けて選ぶことのできるシナリオは、今よりずっと自由で多彩なものになります。どんな分野で働く場合でも、マーケット感覚こそが「稼ぐ力」に直結するのです。

市場から稼ぐ時代の復活

最近は誰にとっても「市場から稼ぐ」ことが、これまでより容易になりつつあります。発展途上国には、交差点で止まった車に新聞や果物を売る子どもや、観光客の多い広場でパントマイムを演じて小金を稼ぐような人がたくさんいます。朝夕の路地裏にはジャンクフードの屋台がひしめき、寺院の周りには花や線香を売る店が数多く並んでいます。勤め人が勤務後にタクシーの運転手をして稼ぐ国もあれば、韓流ドラマでは貧乏な主人公が、個人で運転代行や夜店を始める（そして御曹司と出会う！）みたいな話がよく出てきます。

でも今の日本では、気軽にそんな商売を始めることはできません。ランチタイムのオフィス街で弁当を売ろうとすれば、すぐさま警備員が止めにくるし、夜店や屋台を出すには、なんとか衛生法の許可が必要になるなど、法的な規制が多々あります。日本は、個人が工夫して市場からちょこっと稼ぐのが、もっとも難しい国のひとつなのです。

ところが最近は、それが再び可能になりつつあります。ブックオフで買った古本をアマゾンのマーケットプレイス（中古市場）で高く売る〝せどり〟や、まとめサイトやYouTubeを利用してアフィリエイトや広告で稼ぐとか、不要品を集めてネットのオークションで売る、文章や写真やイラストをネット上で売るなどして稼ぐ人が増えています。なにかの専門知識がある人なら、電話相談（スカイプ相談）をやったり、自分でサイトを作って、ウェブサービスを提供することもできるし、これからは電子自費出版を利用して稼ぐ人も出てくるでしょう。

最初からそんなに儲かるわけではないけれど、月に数万円から、時には10万円以上になり、うまくいけばビジネスと言える規模にもできます。こういったことは世界中で起こっているのですが、日本でもそれが起こってきた理由は、ネットがグローバルで、規制のない世界だからです。

YouTubeもアマゾンもグーグルもPayPalも世界中で展開してくれているから、「日本政府の対応が遅いために、日本ではこのビジネスができない」みたいなことは起こりません。実際にここ数年、「雇ってもらうんじゃなくて、自分でネットを利用して、ちょこっと稼いで生きていこうぜ」的な人はかなり増えています。

終戦直後の混乱した時代には雇ってくれる企業の数も限られており、日本でもみんな、なんらか工夫をしてお金を稼いでいました。私の実家も当時は、庭で豚や鶏を育てて売っていたらしいし、闇市のうどん屋から始めて大きな店を構えるまでになったり、復興前に土地を買い占めて大富豪になったりと、目先の利く人もいたはずです。

その後の日本では高度成長と共に、「雇ってもらうこと」が働くことの中心になりましたが、テクノロジーの進化やグローバリゼーションの進展によって、今はそれがまた、変わり始めています。いろんな人が自分の才覚で市場から直接稼ぎ始め、その中からいくつか大きく育つビジネスが出現する。これからの経済成長は、そういうところから始まっていくのでしょう。

稼げない人になるリスク

市場で稼ぐ自信がない人は、組織に所属することでしか生きていけないと考え、できる限り安泰と思える組織にしがみつこうとします。しかしこれからの社会の変化を考えると、組織にしがみつくのは必ずしも賢い生き方ではありません。

今までの日本は、一応は資本主義でありながら、経済的にはかなり社会民主主義的な路線を歩んできました。けれど今、国境を越えて拡がりつつあるインターネットの世界は、極めて規制の少ない自由主義的な世界です。

ご存知のように、多くのビジネスがリアルからネットへ移行しようとしていますが、これに伴いあらゆるビジネスが、より市場的になりつつあります。ネット上で価格が比べられ、顧客によるレビューの書き込みで売上が左右され、トラブルを起こせばあっというまにツイッターで拡散される……これが市場というものです。

さらに、グローバリゼーションも市場化を後押しします。競争する人も国も企業も、その数が何倍にも増え、日本市場で寡占的な市場シェアをもっていた企業も、海外からの新規参入企業と競争せざるを得なくなるからです。

どんどん〝市場化〟が進む社会では「市場に巻き込まれないよう逃げ回る」とか「自分を守ってくれそうな組織にしがみつく」より、市場で選ばれる力、市場から稼ぐ力をつけようと努力するほうが、よほど有益です。特にこれから50年近く働くことになる若者は、このことを肝に銘じておきましょう。

また今後は、たとえ組織の中で働く人であっても、市場から稼ぐことができなければ、生きていけなくなります。市場から稼ぐことができない人ばかりで構成される企業なんて、長くはもちません。「市場では売れないけれど、すばらしい商品を作っている」、「市場でのニーズはないけれど、高度な技術と専門知識がある」みたいな人ばかりの組織が、利益を出し続けられるわけがないのです。

同じ趣旨で、大学を卒業してすぐに大きな組織に入り、転職もせずずっとそこで働くというのも、大きなリスクを内包する選択肢です。転職するというのは、自分自身を直接、労働市場に売りに出すという、極めて市場的な体験だからです。

人は、誰が市場で最終的にお金を払ってくれているのかが見えていると、市場が求めるもの、評価してくれるものを提供しようという意識が強くなります。市場が求めるものとは、突き詰めれば時代が求めているものです。それを提供しようとすれば、自然と自分にも、時代が求めるスキルが身につきます。

ところが市場から離れたところで働いていると、新しい消費者が求めているものを理解できず、自分の持つスキルや知識がいつしか時代遅れのものになってしまうのです。

大組織に就職していく若者らは、一般的には就職活動における勝ち組です。たしかに給与水準や福利厚生面では圧倒的に恵まれています。でも、市場を意識できないような場所に長くいたら、将来的にはそんなメリットとは相殺できないくらい大きなダメージを受けてしまいます。市場で生きていくための嗅覚やスキルを身につける機会を犠牲にして、充実した福利厚生を得たなどと喜んでいたら、お話にならないのです。

ちょっとした工夫で市場は学べる！

自分が市場から遠いところにいると思う方は、土日だけでも副業として市場に向き合ってみれば、その感覚を身につけるのに役立ちます。成功報酬や、歩合制のアルバイトをやってみてもいいし、フリーマーケットに売り手として参加するのもいいでしょう。ツイッターでフォロワーを集める、フェイスブックで〝いいね！〟を集める、もしくは、ブログでアクセスを集める、というのも、典型的な市場型の経験です。

また、名刺を使わないで何かをやってみることでも大きな学びがあります。大企業を辞めると、名刺の力の偉大さを痛感すると言われます。誰かにアポを取るだけでも、名刺に書いてある会社名の有無によって、全く結果が違うからです。

このことを、「だから大企業を目指すべき」、「だから大企業を辞めるべきではない」という結論に結びつける人が多いのですが、私は、それは論理が逆だろうと思います。むしろ、「だからこそ大企業にい続けることに危機感をもつべき」なんです。

個人では全く評価されない、名刺がなくては食べていけない人になってしまったら、組織にしがみつくしか生きていく方法がなくなります。自分で生きていける人になりたいなら、（たとえ名刺をもっていても）敢えて名刺を使わずに何かにチャレンジする、敢えて名刺の価値がない場所で自分を試してみる、といった体験をしてみましょう。

私が〝ちきりん〟という名前だけでブログを書き始めた理由のひとつもそこにあります。出身大学名や所属する会社名を開示しなくても、自分には価値を生み出すことができるのか？　それを確認したかったし、そのためには何が必要なのか、理解しておきたいと思いました。そういう力をつけられれば、何も怖いことはないと思えたからです。

既に40歳、50歳の人でも遅くはありません。誰だって20年も働いていれば、それなりに社会に売れる知識やスキルがあるはずです。本人にとっては取るに足りないものに見えていても、他者から見れば価値のあることも多いのです。

しかも幸いに今は、それをマネタイズするインフラが整っています。大きく儲けることは難しくても、そういった知識やスキルを活かして一定額を稼ぎ、残りの時間を仕事以外の活動に当てて、オリジナルな働き方を設計する。それは思ったより多くの方にとって、現実的なキャリアパスとなるはずです。

中には、日本ではもう求められなくなっていても、他国では大きなニーズのある、貴重な経験や技術をもっている人もいます。製造業関係の仕事をしてきた人の中には、引退後にアジア各国のモノ作りの現場で、指導者として働いている人もいますよね。

それ以外でも、日本にいればあたり前のことが、海外ではびっくりするほど高いレベルにあると評価されるケースは多々あります。みなさんが日本で10年、20年働いて身につけてきたことは、世界でも十分に「売れる経験」となりえるのです。

しかしマーケット感覚がないと、何が売れる経験で、何が売れない経験なのかさえ理解できません。また、自分が何か売れるスキルをもっているとわかっても、どんな価格で売ればよいのかもわからないでしょう。だから早くから「市場」を経験しておくことが、とても大事なのです。

特に小さな子どもを育てている方は、「市場で生きていく力を子どもにつけてやるには、どうすればいいのか」という視点をもちましょう。よく「これからはグローバル時代だから英語力が大事だ」という人がいますが、日本人が英語ができないのは「そんなものは不要だから」です。

発展途上国の空港で、観光客にまとわりつく客引きの少年たちは、学校にも行っていないのに数カ国語を操ります。食べていくために必要なのは、英語や日本語をしゃべることだと理解しているからですが、この「稼ぐためには何が必要なのか」理解するという力こそが重要なのです。彼らがもっているのは語学力ではなく、市場で稼ぐ力に他なりません。

「市場」という言葉をむやみに怖がらず、できるだけ積極的に、市場で稼ぐ経験を積みましょう。そこで身につけた感覚とスキルこそが、新しい時代にあなたが自分の人生を選ぶための、大きな力となってくれるのです。

手に入れたい人生を明確にし（ステップ1）、そこに至るまでの複数のシナリオを考え（ステップ2）、それらを現実のものとするために市場で稼ぐ力を鍛える（ステップ3）。この3つのステップにより、ひとりでも多くの方が自分自身で設計したオリジナルの人生を手に入れられますように！

あとがき

ちょうど10年くらい前まで、私は自分が生まれ、生きているこの時代について、なんだかつまらないな、退屈だなと感じていました。日本経済はバブル崩壊後、10年以上も停滞を続けていたし、それなのに何年たっても世の中はまったく変わらないように見えていたからです。

もっと激動の時代に生まれたかった。明治維新や終戦や、学生運動の盛んだった時代を身をもって体験したかった。大きな時代の変わり目に立ち会えていたら、どんなに楽しかっただろう。ずっとそう感じていました。タイムマシンが発明されることを心から願っていたのです。

ところがそんな私も、最近の10年は一転、とてもワクワクできるようになりました。世の中が変わり始めた、今までの常識や価値観が崩れようとしている、私も世界が変わる瞬間を体験できる！　そう実感でき始めたからです。

世の中が大きく変わる時には、直感的に「やばい！　大変だ」と思う人と、「これはおもしろい！　楽しみだ」と思う人がいます。変化が不安な人と、変化が好きな人です。私は明らかに後者です。

皆さんよくご存じのように、変化は必ず混乱を伴います。でも私はその混乱さえ大好きで、自分のことを「混乱ラバー」（混乱 Lover, 混乱が好きな人）と称しているほどです。一部の人からは、「ちきりんは強者だからそんなことが言えるのだ」と言われることもあります。でも、本当にそうでしょうか？

縄文時代から朝廷や貴族の時代、武士の時代を経て近代国家となるまでの長い歴史の中で、日本は常に大きく変わってきました。それらの変化は、弱者にとって本当に良くないものだったでしょうか？

私自身、もしも江戸時代に生まれていれば、確率的には小作農の家に生まれた可能性が一番高いわけです。おそらく学校にも行けていないし、食べるものにも困る生活だったでしょう。そんな一般庶民層の私でも、世の中が変わったからこそ教育を受けられ、自由に職業を選んで、食べていけるようになりました。世の中が変わったからこそ、弱者だった人の大半が、可能性のある人生を選べるようになったのです。そしてそれは、これからだって同じです。

18世紀後半に産業革命が起こった時も、既得権益者であった貴族たちは「食べていけなくなる」ことを怖れました。農業や職人生活を送っていた庶民たちも、「大規模工場の歯車にされてしまう」とその変化を怖れました。上の人も下の人も、新たにやってくる世界を不安に感じ、怖れていたのです。

けれど100年単位で見れば、世界は明らかに豊かになり、しかも平等になりました。産業革命が世界を不幸にしたと思っている人はいないでしょう。今起こりつつある様々な変化も同様に、明るい未来につながっているのです。

もちろん、私たちがその明るい未来を自分たちのものにするには、働き方やモノの考え方に関して、自分なりにちょっとした工夫が求められるし、気持ちのもち方をこれまでと変えていくことも必要になります。なによりも、変化を怖れて過去にしがみつくのではなく、変化を前向きに受けとめ、新しい時代の可能性を楽しもうとする姿勢が、時代の変わり目には重要です。そして、そういった心もちの違いや少しの準備によって、私たちはきっと明るい未来を手に入れられるはずです。

『ワーク・シフト』という本を読んだ時、私も未来の働き方についてじっくり考えてみたいと思い、新しい働き方を模索する若い人の本から、定年を迎える人や中高年向けの本まで、働き方に関する本をたくさん読んで考えました。そして到達した結論が、本書で提案した「人生を二回、生きよう！　40代で自分オリジナルの人生を始めよう！」というコンセプトでした。

人生も働く期間もどんどん長くなるのだし、せっかく多様な生き方ができる時代になっているのだから、50年近く同じスタイルで働くのではなく、人生をふたつに分けて、それぞれに異なる働き方を試してみれば（そして楽しんでみれば）いいんじゃないかと思ったのです。

これは実際に40代で新しい働き方を選んだ私にとって、自信をもってお勧めできるスタイルでもありました。自分自身、2回目だからこそ迷いなく、自分のやりたいことを選べていると感じたし、40代から今までと全く違う世界を体験することは、本当に楽しいことだからです。

IT革命にしろグローバリゼーションにしろ、現時点では想像もできないようなことも含め、これからもさまざまなことが起こるでしょう。それでも、若い人には十分な時間と必要なエネルギーがあるし、長く働いてきた人はその分、価値ある経験やスキルを数多くもっているはずです。どうか自信をもってください。

終章にまとめたように、まずは自分が心から手に入れたいと思える人生を、具体的に明らかにしましょう。そして市場から稼ぐ力を身につけ、複数シナリオの中から、自分の行く道を主体的に選ぶのです。

もちろん、答えはひとつではありません。他にももっとよいアイデアがあるかもしれません。それぞれの人が自分なりの正しい答えを見つけていくためには、未来を考えること、将来の働き方を考えることが、不安なことでも怖いことでもなく、楽しいこと、ワクワクできることであることが、とても重要です。本書を読んでいただいたことが、そのひとつのきっかけとなったとしたら、心から嬉しく思います。

そんじゃーね！

働き方に関するエントリ@「Chikirinの日記」

〈職業選び〉
- ちきりん最初の職業選び→　http://d.hatena.ne.jp/Chikirin/20110106
- ネットに超クールな“職業データベース”が出来つつある
  →　http://d.hatena.ne.jp/Chikirin/20110126

〈キャリア形成の変化〉
- 仕事の４分類→　http://d.hatena.ne.jp/Chikirin/20101218
- 新）４つの労働者階級→　http://d.hatena.ne.jp/Chikirin/20100914
- キャリアの一貫性なんてマジ無用→　http://d.hatena.ne.jp/Chikirin/20150420

〈大企業で働くということ〉
- 将来有望な若者の将来価値を毀損する、大きなワナ
  →　http://d.hatena.ne.jp/Chikirin/20110807
- 守る組織、守る人→　http://d.hatena.ne.jp/Chikirin/20100418
- どの常識の世界で生きるか→　http://d.hatena.ne.jp/Chikirin/20120217

〈グローバリゼーションについて〉
- グローバリゼーションの意味→　http://d.hatena.ne.jp/Chikirin/20100407
- ツーステップ方式の限界→　http://d.hatena.ne.jp/Chikirin/20071206

〈外資系企業で働くということ〉
- 「実力」×「プレッシャー耐性」→　http://d.hatena.ne.jp/Chikirin/20080810
- 「解雇」と「死」は似てる→　http://d.hatena.ne.jp/Chikirin/20110802
- “クビパターン”一覧→　http://d.hatena.ne.jp/Chikirin/20120119

〈退職を考えている人のために〉
- 退職決断のための「黄金基準」はこれだ！
  →　http://d.hatena.ne.jp/Chikirin/20111216
- 「退職挨拶メール」を共有しよう！→　http://d.hatena.ne.jp/Chikirin/20111004

〈時代の移り変わり〉
- 年功下落の時代へ！→　http://d.hatena.ne.jp/Chikirin/20110325
- 時代と共に幸せに→　http://d.hatena.ne.jp/Chikirin/20080828

〈就職〉
- 4月から新社会人になる皆さんへ→　http://d.hatena.ne.jp/Chikirin/20120328
- 最初に働く場所の選び方→　http://d.hatena.ne.jp/Chikirin/20150802
- “いい会社に入る”より、働き方の自由度を手に入れよう！
  →　http://d.hatena.ne.jp/Chikirin/20131228

〈その他〉
- 市場＆失敗こそ学びの場→　http://d.hatena.ne.jp/Chikirin/20150423
- 仕事と家庭の両立なんて、目指すのやめたらどう？
  →　http://d.hatena.ne.jp/Chikirin/20140611

〈参考文献〉

「完訳　チャタレイ夫人の恋人」D．H．ロレンス著・伊藤整訳・伊藤礼補訳・新潮文庫（1996）
「巨泉—人生の選択」大橋巨泉著・講談社（2000）
「不平等社会日本—さよなら総中流」佐藤俊樹著・中央公論新社（2000）
「『社会を変える』を仕事にする—社会起業家という生き方」駒崎弘樹著・英治出版（2007）
「3年で辞めた若者はどこへ行ったのか—アウトサイダーの時代」城繁幸著・筑摩書房（2008）
「50代早期退職者の行動ファイル—たった一人の再挑戦」加藤仁著・文春文庫（2008）
「1年で駅弁売上を5000万アップさせたパート主婦が明かす奇跡のサービス」三浦由紀江著・ダイヤモンド社（2009）
「人生論」堀江貴文著・KKロングセラーズ（2009）
「定年後　年金前—空白の期間にどう備えるか」岩崎日出俊著・祥伝社（2011）
「やめないよ」三浦知良著・新潮社（2011）
「40代からのスターティングノート—あなたはもう、自分の人生シナリオを描きましたか?」関眞次著・日本経済新聞出版社（2011）
「医の力—高齢先進国モデルへの挑戦」武藤真祐著・PHP研究所（2012）
「世界一プロ・ゲーマーの『仕事術』—勝ち続ける意志力」梅原大吾著・小学館（2012）
「10年後に食える仕事　食えない仕事」渡邉正裕著・東洋経済新報社（2012）
「世界で勝負する仕事術—最先端ITに挑むエンジニアの激走記」竹内健著・幻冬舎（2012）
「ニートの歩き方—お金がなくても楽しく暮らすためのインターネット活用法」pha著・技術評論社（2012）

「日本式モノづくりの敗戦―なぜ米中企業に勝てなくなったのか」野口悠紀雄著・東洋経済新報社（２０１２）
「冒険に出よう―未熟でも未完成でも〝今の自分〟で突き進む。」安藤美冬著・ディスカヴァー・トゥエンティワン（２０１２）
「MAKERS―21世紀の産業革命が始まる」クリス・アンダーソン著・関美和訳・NHK出版（２０１２）
「もっと自由に働きたい―とことん自分に正直に生きろ。」家入一真著・ディスカヴァー・トゥエンティワン（２０１２）
「モノを捨てよ世界へ出よう」高城剛著・宝島社（２０１２）
「リバース・イノベーション―新興国の名もない企業が世界市場を支配するとき」ビジャイ・ゴビンダラジャン、クリス・トリンブル著・小林喜一郎解説・渡部典子訳・ダイヤモンド社（２０１２）
「ワーク・シフト―孤独と貧困から自由になる働き方の未来図〈２０２５〉」リンダ・グラットン著・池村千秋訳・プレジデント社（２０１２）
「企業が『帝国化』する―アップル、マクドナルド、エクソン～新しい統治者たちの素顔」松井博著・アスキー・メディアワークス（２０１３）
「人生が変わる2枚目の名刺―パラレルキャリアという生き方」柳内啓司著・クロスメディア・パブリッシング（インプレスコミュニケーションズ）（２０１３）
「普通のサラリーマンのためのグローバル転職ガイド」大石哲之・森山たつを著・東洋経済新報社（２０１３）
「日本成長戦略　40歳定年制―経済と雇用の心配がなくなる日」柳川範之著・さくら舎（２０１３）
週刊東洋経済　２０１３年1月26日号「特集『65歳定年』の衝撃」インタビュー

文庫版あとがき

今回、文庫化にあたって原稿を読みかえしたところ、本書を書いた2年半前からでも、働き方に関する世の中の考え方は、大きく変わってきたと感じました。たった数年のことですが、最近はオリジナルな働き方を追求する人も増え、本書内に「最近はこういう人が現れた」と書いたいくつかの事例は、既に珍しいものでもなくなりつつあります。

以前はそういった非伝統的な働き方について「後悔するぞ」とか「とはいえ最初の3年は石にかじりついても」といった声も少なからず存在しましたが、最近ではそれぞれの人が自分の志向や考え方に応じて進むべき道を選ぶことに、多くの人が寛容になってきていると感じます。

その一方、予見されていたいくつかの問題は、より現実的で身近な社会問題となってきました。介護のために、その意に反して会社を辞めざるを得なくなる人や、共働きで子育て中の夫婦への海外転勤辞令の増加、終身雇用のはずだった大企業によるリストラや、定年延長制度の具体化などがその例です。

こういった問題の解決方法として本書で提案したのが、「働き方の自由度を獲得し、自分の人生を取り戻すこと」でした。これまでの「いい仕事」とは待遇の良い安定した企業で働くことを意味していましたが、これからの「いい仕事」とは、個人のライフイベントや嗜好に合わせて、何歳からでも柔軟に働き方を変更できる自由度の高い働き方のことになるでしょう。

そういった働き方に移行したいと真剣に考える人にとって、重要なことは「具体的にどうすればいいのか？」というハウツーの部分です。特に40代での再スタートには、不安がぬぐいきれない人も多いでしょう。

終章では、３つのステップをその方法論として挙げました。そして、その3番目の「市場で稼げる人になるためのスキル習得法」については、２０１５年に書いた『マーケット感覚を身につけよう』（ダイヤモンド社）という本にて詳述しています。こちらは本書の続編とも言える本になっていますので、関心のある方はぜひ手にとってみてください。

探せばいろんな問題はありますが、基本的には世の中はどんどん便利になり、かつ、誰にとっても様々な可能性が広がりつつあります。私自身、80年代のバブル時代よりも、今の方がよほど「未来は明るい！」と感じます。今なら少し考え方を変えるだけで、誰でも「これこそ自分が心から欲していた生活だ！」といえる働き方を手に入れられます。

そう遠くないどこかの時点でこの本が完全に時代遅れなものとなり、「昔はこんな当たり前のことを本にする必要があったんだね」と言われる日がやってくることを楽しみにしています。

ちきりん

解説　明るい働き方を実現するための指南書

柳川範之

本書が単行本で出たときのことは、とても鮮明に覚えています。同じころに出した拙著と、問題意識や提言がかなり共通していたからです。その後、ちきりんさんとは、トークイベント等で直接お会いする機会もありました。その際、考えていることがとても似ていることを再認識して、意気投合。その後に出した私の新書では、帯の言葉まで書いて頂きました。

ちきりんさんといえば、あのイラストがすぐ思い浮かびます。実物のちきりんさんもイラスト通りの飾らない人柄と気配りのきいた話しぶりで、人をひきつける魅力にあふれた人です。その魅力はどこから来ているのだろうと考えてみると、やはりご本人が「楽しいことだけして暮らす」ことに徹しているからなんだろうなと思います。

その辺りのことは、本書を手に取られているちきりんファンの皆さんのほうが、きっとずっとお分かりなのだと思いますが、そういう潔さや清々しさみたいなものが、話しぶりやしぐさにも、そして本の語り口にも、にじみ出ている気がします。

そんな、ちきりんさんが、未来の働き方を真剣に考えたのが本書。ＩＴ化やグローバリゼーションなどによっておこる未来の変化を予測して、その激動の中で幸せに生きていくための働き方を提案しています。具体的には、職業人生を、前半、後半の2回に分けて考え、1度目は横並びの働き方しかできなかったとしても、40代からは自由でオリジナルな働き方に移行することを薦めています。

この将来予測と、それにどう対応していったらよいかという考え方が、私とちきりんさんとで、かなり共通していたのです。もちろん、二人の見ている視点はかなり違いました。ちきりんさんの場合は、個人の立場にたって、激変する社会をどう生き抜くかという問題意識から出発しています。一方、私のほうは、日本社会を何とか持続・発展させていくには、どんな仕組みが必要かという問題意識が出発点でした。にもかかわらず、その両方が、ほぼ同じ結論にたどり着いていたというのは、とても興味深いことだと思います。

本書が単行本で出版されてから、既に2年以上経過しています。この間の世の中の動きはとても速く、経済環境も大きく変化しました。けれども世の中は、ちきりんさんが本書で予想していた方向に確実に向っているようにみえます。ちきりんさんの将来を見通す目は確かだったのです。

この間起こった大きな動きとしては、人工知能の発達がマスコミ等で大きく報じられるようになって、コンピュータに仕事を奪われてしまうのではないか、という漠然とした不安感をもつ人が増えてきたことが挙げられます。

しかしそれは、本書の主題でもある、未来の働き方を自分で考えることの大切さが依然として、いや、当時よりもさらに重要度が増していることを意味しています。本書がますます世の中に必要になっているのです。


本書の前半部分では、現在が、ITの進化、グローバリゼーション、人生の長期化などによって、産業革命期以来の「革命的」な変革の時期だと書かれています。この点の認識は、私もまったく同じです。

しかも、その「革命的変化」は〝大きい〟ばかりでなく、いまだかつてなく〝速い〟ことに、私自身は注目しています。大きい変化でもそれがゆっくりであれば、働き方にはそれほどのインパクトは与えなくてすみます。変化には、次の世代が対応してくれればよいからです。変化が速いとそういうわけにはいきません。一人のライフサイクルよりも速く技術が変わっていき、社会が変わっていくので、それに合わせて一人ひとりが大きく変化していく必要が出てくるからです。本書にも指摘されているように「一生ひとつの仕事が非現実的」になっていくのです。

現状を見ても、その兆候はあちこちに表れているように思います。大企業をみれば、一見、終身雇用が機能しているようにも見えます。しかし、有名な大企業ですら中高年を大リストラせざるを得ない時代になっています。これは、経営の失敗の結果という面もあるでしょうが、やはり時代の大きな波を受けた結果でもあります。今や残念ながら、どんな大企業であっても、リストラや倒産のリスクを抱えている時代です。それは、技術や産業の実態が大きく変化しているからです。

　リストラには至らなくても、実質的に社内で仕事がない〝社内失業者〟も、全国で何百万人にも上っています。そういう人たちも、実は決してやる気がないわけではないのだと思います。会社を取り巻く環境が大きく変化してしまったために、自分の能力を生かす場所がその会社の中になくなってしまった場合がほとんどでしょう。これも、世の中が大きく変化した結果です。

　とはいえ、能力を生かす場所がない、生きがいを感じて働ける場所がないというのは、個人にとっても会社にとっても、不幸なことです。そんな状態から抜け出して、もっと楽しく自分らしく働きませんか、というちきりんさんのメッセージが、だからこそ、とても大切になってくるのです。

　一方では、働く期間はどんどん長期化しています。年金給付開始年齢は、このままいけば、70歳近くにしないと財政がもたなくなるのはほぼ確定でしょう。一方で、寿命は昔に比べて延びています。最近の私が関与している研究によれば、単に寿命が延びているだけではなくて、高齢者の体力は確実に伸びています。今の60代、70代は昔の60代、

70代とは違うのです。元気に楽しく働ける期間は長くなっています。

70歳まで、同じ職場でやりたくもない仕事をお金のために続けるのか、それとも、自分の喜びとなるような、楽しくやる気のでる仕事をずっと打ち込んでいけるようにするか。どちらが良いかと聞かれれば、答えは火を見るよりも明らかでしょう。そして、どちらを選ぶかは、本書の後半部分でも書かれているように、人生後半で、自らのキャリアや仕事を見直すことができるかどうかにかかっています。

こんなことをいうと、「会社を辞められるのは、能力や経済力のある特別な人だけじゃないのか？」と言われることも多いです。でも、実はそんなことはないのです。ちきりんさんも書いている通り、そういう心配をする人は、一度も転職経験のない人がほとんどです。転職経験のある人は、外に出さえすれば、なんとかなることを経験的に知っているのです。

もっとも、何もしないで、生き生きとした働き方ができるほど、現実が甘くないことも事実でしょう。本書では、最終章で、オリジナル人生を設計するために役立つ、実践的・具体的な三つのステップが紹介されています。自分でキャリアを設計せよと言われても、どうしていいか分からない人にとっても、大変、親切な内容になっていると思うので、時間がない人は、この最終章だけでも読むことをお勧めします。

私個人としては、第二、第三の人生をより生き生きとしたベターなものにしたいなら、やはりある程度の能力開発は、いくつになっても必要ではないかと考えています。変化の速い世の中では、残念ながら、個人がもっているスキルが陳腐化しやすいのも事実です。専門学校で実践的な知識や新たな知識を身につけたりして、常にスキルをアップデートしておくことは、今後ますます重要になってくるでしょう。

社会の政策や制度といった側面を考えると、まだまだこのようなスキルアップが容易にできるような教育機関が少ないように感じます。大学といえば、若者が行くところと考えられていて、たとえば中高年の大学生や大学院生は、どこのキャンパスでもかなりの少数派でしょう。でも、世界的にみれば、中高年になって大学で学んでいる人はたくさんいるのです。

もちろん、日本でも社会人大学や生涯学習等の取組みがずいぶん進められていて、社会人が学ぶ機会は増えてきています。けれども、第2の人生のために新しい技能を身につけたり、スキルアップ実現のための知識を吸収したりできる教育プログラムはまだまだ不足しているように思うのです。大学でなくても専門学校でもどんな名前の教育機関でも良いのですが、中高年がきちんとスキルアップできるような場所がもっとあるべきですし、そのための政策を考える必要もあると考えています。

最近は、インターネットを通じたオンライン教育も盛んになりつつあります。これは時間のない社会人にとっては、大きな武器になる可能性をもっています。この面でも、技術の変化は世の中を大きく変えるかもしれません。

とはいえ、あまり難しく考える必要もないのです。転職に成功した人たちの事例をみていても、まったく新しいスキルを身につける必要があったというよりも、自分の能力を今いる会社だけでなく、新しい場所で生かせるように再整理するだけで、それがスキルアップになり、大きな武器になったケースは多いです。

結局のところ、大事なのは、企業に与えられるままに働き方、生き方を選ぶのではなく、自分で主体的にキャリアを設計し、スキルを獲得していくことでしょう。そして、それこそが本書の大きな主題であり、そのための実践的なステップがふんだんに書かれているのです。

本書を読んで実際に、40代で新しい働き方・生き方に移行する人が増えてくれれば、日本経済もきっと大きく変化すると思うのです。40代以降の人たちがもっと生き生きと働くことができれば、経済全体の生産性もあがり、今よりもさらに経済が活性化することでしょう。

本書の内容を実践することで、いやいや働かされるのではなく、自分がやりたいと思うことができる人が沢山現れてほしいと思っています。そうすれば、より明るい働き方ができる人が世の中に増えてくることでしょう。そう、ちきりんさんのように。

（東京大学大学院経済学研究科教授）

単行本　二〇一三年六月　文藝春秋刊

文春文庫

未来《みらい》の働《はたら》き方《かた》を考《かんが》えよう
人生《じんせい》は二回《にかい》、生《い》きられる

定価はカバーに表示してあります

2015年11月10日　第1刷
2021年8月5日　第2刷

著　者　ちきりん
発行者　花田朋子
発行所　株式会社　文藝春秋

東京都千代田区紀尾井町 3-23　〒102-8008
TEL　03・3265・1211㈹
文藝春秋ホームページ　http://www.bunshun.co.jp

落丁、乱丁本は、お手数ですが小社製作部宛お送り下さい。送料小社負担でお取替致します。

印刷製本・凸版印刷

Printed in Japan
ISBN978-4-16-790495-1